Luis Paulo *Luppa*

Gerenciando Vendedores Pit Bulls

Gestão Competitiva

Dados Internacionais de Catalogação na Publicação (CIP)
(Câmara Brasileira do Livro, SP, Brasil)

Luppa, Luis Paulo
Gerenciando Vendedores Pit Bulls / Luis Paulo Luppa. – São Paulo: Editora Landscape, 2005.

ISBN: 85-88648-06-7

1. Administração de vendas 2. Gerência - Desenvolvimento - Administração 3. Liderança 4. Vendas e vendedores I. Título.

05-6438 CDD-658.85

Índices para catálogo sistemático:
1. Vendas e vendedores: administração de marketing 658.85
2. Vendedores: administração de marketing 658.85

1ª Reimpressão – 2ª Edição

2005

Editora Landscape
Rua Ministro Nelson Hungria, 239 – cj. 10
CEP 05690-050 – São Paulo – SP
Fone/Fax (11) 3758-4422
atendimento@editoralandscape.com.br
www.editoralandscape.com.br

Dedicatória

Esta obra é dedicada a todas aquelas pessoas que jamais se conformaram com o segundo lugar, que nunca se impuseram limites, que acordam cedo e dormem tarde, que acreditam na força do trabalho como meio de se obter alguma coisa, que primeiro pensam, se organizam e depois agem, pois este é o princípio básico de uma boa gestão, principalmente uma boa gestão de vendas.

Instrução Básica Sobre Este Livro

Este é um livro para mexer com a sua cabeça, um daqueles livros que deverá acompanhar você por todo o tempo, para aquela leitura dinâmica, esporádica, reflexiva, sem compromisso.

É para aquelas intermináveis horas de espera, naquelas salinhas apertadas, lotadas de vendedores, muitas vezes com café frio e sem açúcar, naquelas garrafas térmicas de segunda.

Mas o cliente é de primeira, então temos de esperar mesmo.

Tomara que este livro não caiba na sua pasta, que ela esteja lotada de notas de dez, de cinqüenta reais e quem sabe até de alguns dólares...

Leia no banheiro, na cozinha, com os amigos, na varanda, no bar, mas leia e releia, vai te fazer bem.

Como ele é muito barato, dê de presente para aquele seu colega de equipe que vem encontrando dificuldades para alcançar a meta do mês, para aquele que vive reclamando da vida, ou para aquele supervisor que só sabe cobrar, para seu gerente de vendas que não sai do escritório, um vendedor amigo, quem sabe o dono da empresa. Um outro belo gesto seria presentear o vendedor júnior que está ingressando na carreira.

Este livro é leitura obrigatória para vendedores, supervisores de vendas, gerentes, diretores e empresários.

Declaração dos Direitos Universais do Vendedor

Obs.: Este é um importante documento que propicia entendimento, comprometimento e envolvimento por parte de gestores, colaboradores de outras áreas e executivos de ponta no convívio com membros da comunidade Pit Bull.

Declaração dos Direitos Universais do Vendedor:

Eu,__________________________________, mais conhecido como _____________________________, declaro que sou um VENDEDOR.

Não sou consultor de vendas, assessor comercial e não possuo e também não gosto de nenhum tipo de adjetivo, principalmente em língua estrangeira, que possa desqualificar minhas convicções, meus sentimentos, minha vontade e minha postura de profissional de vendas.

Acordo cedo sim e normalmente chego em casa tarde. Pelo menos, está sempre escuro.

Enfrento bastante trânsito todos os dias, independentemente se o dia é de sol ou de chuva.

Já encarei enchentes, ruas alagadas, mas cheguei na hora marcada no meu cliente.

Diga-se de passagem, quando penso em meu cliente, logo associo sua imagem à imagem de um rei.

Meu celular tem um toque diferente, meu carro está sempre cheio de papéis e amostras de produtos, minha pasta é minha amiga inseparável e a cada semana escuto pelo menos umas cinco piadas novas.

Vivo rodeado de vendedores, preciso confessar que esta rodinha é ótima; é a nossa comunidade.

Tenho pavor de consultores, fico preocupado com as apresentações futuristas do pessoal de marketing e tenho calafrios quando o assunto é crédito e cobrança.

O melhor chopp do mundo não é o mais gelado, e sim o da comemoração da meta do mês.

Tenho coisas aqui em casa que ganhei como prêmio de vendas, outras que ganhei como recordações de inesquecíveis convenções e principalmente, tenho aqui em casa a minha família, razão de tudo e motivo maior para que eu melhore a cada dia, a cada minuto, vendendo cada vez mais, superando meus limites a cada instante, pois ela é a razão maior do meu viver. SOU VENDEDOR!

AGRADECIMENTOS

A toda equipe da editora que se envolve de corpo e alma em todos os nossos projetos, fazendo do livro não só um produto, mas um membro da nossa grande família.

A cada vendedor, de cada livraria deste nosso Brasil, que cuida do Pit Bull com carinho e atenção, falando sobre ele, indicando para pessoas envolvidas com o mundo corporativo, tirando o pó, colocando na vitrine, fazendo imensas pilhas e sendo, sem sombra de dúvida, um dos principais responsáveis pelo nosso sucesso até aqui.

A todos aqueles que acessam www.luispauloluppa.com.br e contribuem com sugestões, críticas e invariavelmente enviam mensagens de elogios e muito carinho, esses sem dúvida são o maior anabolizante para manter o ritmo.

SUMÁRIO

Capítulo 1

Começamos do Início

Quanto mais pessoas conheço, mais fico fascinado por essa tal vida.

É por isso que na minha teoria humana, o choro do recém-nascido só pode ser de alegria, porque viver é bom demais.

Rodando o Brasil o tempo todo e, principalmente, conhecendo a cada despertar um novo profissional de resultados, seja ele um vendedor, um executivo ou um empresário da área de vendas, tenho o privilégio – de norte a sul do país – de ouvir histórias fantásticas de pessoas que pautam as suas vidas sob determinados padrões de condutas totalmente amparados em crenças, frases de efeito, pequenas parábolas e pequenos contos.

Principalmente os vendedores que se agarram a isso como um horizonte a ser alcançado, uma tatuagem estampada em seus mais profundos desejos de vitória e de sucesso.

Estou definitivamente aprendendo cada vez mais e mais.

Tenho feito mais, a cada semana escolho um tema desses e desenvolvo ações todos os dias sob esse prisma.

E especificamente esta semana que iniciei a caminhada deste livro, o meu tema é a guerra!

Isso mesmo, guerra!

E guerra é guerra, alguém ganha e alguém perde.

Você conhece alguma guerra na história do mundo que terminou empatada?

Quantos ensinamentos já extraímos desse tema?

A arte da guerra, a arte da estratégia, das táticas, enfim, lembro-me de um dos primeiros livros que realmente me fizeram refletir e lá estava a guerra de novo:

Marketing de Guerra.

Deste tema amplo e instigante, extraí uma peça-chave:

O FOCO

Isto é tão importante que quando você perde o foco, começa a dar voltas e demora para alcançar o seu objetivo ou o perde de forma definitiva.

O foco é o motivo maior, a força centrífuga que vai arrastar você de forma disciplinada à vitória.

Aí entra uma dessas viagens, repleta de personagens fantásticos, que só o nosso mundo de vendas proporciona.

Ouvi a seguinte história:

Um enorme campo de batalha, naquela época em que as batalhas eram campais, todos se engalfinhando, cavalos atropelando uns aos outros, coisas do tipo que vemos hoje em filmes como Coração Valente (com o Mel Gibson).

E durante uma dessas batalhas sangrentas, eis que desponta lá do *front* de batalha um imediato.

Imediato é aquele sofredor que vai para o meio da batalha, avalia a situação e alimenta o seu general de informações sobre as possíveis mudanças de estratégias durante o combate. Alguma coisa do tipo: vamos de canhão, de espadas, de cavalos; enfim, é uma espécie de avaliação do mercado.

E de repente chega o tal do imediato, suado, ferido e se apresenta ao seu general com a seguinte informação:

"Grande general, com todo o respeito, acho que precisamos rever toda a nossa estratégia. Nós não temos a mínima condição de vencer esta batalha. Para cada soldado nosso, há pelos menos uns dez soldados inimigos."

O general em cima daquele cavalo branco lindo, com aquela roupa impecável, dispara:

"Meu caro imediato, nós não viemos aqui para contar quantos soldados tem o inimigo, nós viemos aqui para vencê-los!"

Este é o foco! Perfeito não é?

Ora, não tenham dúvidas de que o general estruturou alguma estratégia para compensar essa diferença de soldados, até porque se ele tem um bom canhão, somente um disparo bem-sucedido serve para compensar.

A questão é não perder o foco, o objetivo principal, que é vencer a guerra.

Quantas vezes no nosso dia-a-dia deparamos com dificuldades de todos os tipos.

E digo mais: as dificuldades são previsíveis, pois não existe vitória sem luta, nem êxito sem perda.

Você pode se preparar e gerar o maior esforço do mundo, mas esse esforço jamais garantirá uma passagem efetiva ao sucesso, mas sim a possibilidade de alcançá-lo.

O fator sucesso vem precedido por estudos, por uma boa preparação, por qualificação e, é claro, uma dose de talento.

Talento, inclusive, é um caso a parte, pois temos o péssimo hábito de só reconhecer talentos quando eles se tornam notórios.

Meu amigo, todos nós temos algum tipo de talento, só precisamos identificar e lapidar.

Você já descobriu o seu?

Hoje, ainda me surpreendo com algumas empresas que buscam qualificar as suas equipes de batalhas, seus vendedores de forma empírica ou lunática.

Eu explico: é simplista acreditar que o seu profissional de vendas não necessita de constante qualificação, de constante geração de novos conteúdos, de avaliação cíclica e pior, que somente o dia-a-dia vai lhe dar suporte para encarar a batalha.

Não existe um sistema para fazer chegar ao vendedor a informação importante, de uma forma que ele possa digerir e aplicar espontaneamente.

Quantas reuniões de vendas sua empresa promove por mês? E a dinâmica dessas reuniões, é sempre aquela avaliação de visitas e cobrança de resultados?

É só isso? Quantas vezes a sua empresa disponibilizou conteúdo de revistas especializadas em vendas e negócios para a equipe de vendas?

Já tentou utilizar materiais de apoio, como DVDs de treinamento para dar um novo enfoque aos mesmos problemas?

Já promoveu encontros com outros profissionais do setor para tentar antecipar a visão de futuras oportunidades e ameaças?

É meu amigo, temos muito o que fazer para manter a equipe acesa e com gás necessário para explodir todo fim de mês.

Hoje os vendedores estão muito mais preocupados e ficam muito mais assustados com o fim do mês do que com o fim do mundo.

Agora, tem também aquelas empresas que já partem para a ficção científica, para as coisas do outro mundo.

Pode ter certeza de que isso não é coisa de vendedor. Normalmente é alguém que nunca carregou uma pasta e quer inventar a roda.

Outro dia, recebi um convite para participar de uma convenção de vendas de uma grande empresa multinacional e me senti bastante honrado em fazer uma palestra para fechar o evento.

Dias depois, recebi o programa da convenção e percebi que se tratava de um mega evento.

Até aí, tudo bem; cada um faz o que pode.

O que me deixou absolutamente pasmo é a forma com a qual a empresa pretendia preparar a sua equipe de vendas.

No penúltimo dia do evento, toda a equipe de vendas iria participar de um *rafting*.

Rafting é mais ou menos o seguinte: descer um rio feroz, de águas geladas, cheio de correntezas e inúmeras pedras numa tremenda velocidade.

E aí, quando chega ao final do trajeto, grita assim:

UHULL!

E, no fim, os sobreviventes se cumprimentam e comemoram como se tivessem realizado algum feito com algum conteúdo.

Ora, eu fiquei me perguntando o que leva uma empresa a arriscar toda a sua equipe de vendas num bote inflável, num rio que ninguém nunca navegou, gelado e perigoso.

Resposta da empresa: instigar o espírito de luta, de equipe e o sentimento de desafios.

Pausa para refletir sobre a resposta ....
....
....
término da pausa.

Meu Deus do céu, onde vamos parar?

Qualquer dia vão colocar os vendedores dentro de uma jaula de leões!

Quer dizer então que, se eu pegar os meus vendedores e colocar para descer rio abaixo, eles vão vender mais?

Ou a água do rio é benta ou o bote é milagroso!

Em sã consciência, quem pode acreditar nisso?

É claro que agradeci o convite e não participei dessa loucura e, ao explicar minha decisão à empresa, fui simples e enfático:

Acho melhor não participar, porque as minhas perguntas certamente não agradariam ninguém.

Vejamos:

1. A partir desse tal *rafting*, vocês se sentem mais aptos, mais bem informados e qualificados a enfrentar a concorrência?

2. Estão mais qualificados para desenvolver uma base de argumentação mais rica e diferenciada para os seus clientes?

3. A partir desse incrível exercício, vocês conferem mais valor ao seu roteiro de visitas, aumentando a sua produtividade e percebendo onde estão os problemas em sua carteira de clientes?

4. E mais: ao chegar ao final do rio, vocês descobriram como reativar aquele cliente importante que não compra há mais de seis meses?

5. E de que forma vocês administraram a sua meta de vendas para lograr êxito?

Fico imaginando todos molhados, com frio, se esforçando para arquitetar uma só resposta.

Você seria louco de colocar a sua equipe de vendas num botezinho?

Gerenciar e treinar equipes de vendas é coisa séria. Vendedor não quer arriscar a vida descendo um rio, até porque ele deve ter ficado muito confuso, pois tudo que ele quer da vida é subir. E aí o que acontece: Colocam ele para descer!

Vendedor quer mais é ganhar dinheiro, prêmios e ser reconhecido.

É o que eu digo sempre: todo mundo sabe o que quer, mas nem sempre sabe como chegar lá.

O caminho irreversível das empresas de sucesso passa pela formação, desenvolvimento e treinamento da sua área de vendas.

As empresas não vão mais sobreviver com uma equipe de vendas de luluzinhas, que reclamam das adversidades em vez de superá-las.

O desafio é captar talentos, lapidá-los e monitorá-los para que tenham sempre uma postura ativa e incessante em busca dos resultados.

Estamos falando de CRIAR VENDEDORES PIT BULLS.

Mas, para criar vendedores Pit Bulls ou, no tradicional, para gerenciar vendedores, você precisa dominar algumas fases indispensáveis ao processo:

1. A escolha, a seleção, a captação, a identificação do talento;

2. A adaptação ao novo ambiente, um novo lar, a integração com as pessoas, com a equipe, se envolvendo com a comunidade;

3. O duro aprendizado de ouvir e ceder;

4. Aprendendo que fazer a sua parte é a maior contribuição para o todo;

5. Contribuindo com suor e um sorriso;

6. Sendo uma parte do *feedback*.

A Escolha

Você pode até não perceber ou não valorizar, mas está, o tempo todo, fazendo escolhas, e são exatamente essas escolhas que acabam por definir e pautar nossos resultados.

Muitas pessoas não conseguem conviver com o peso de decisões ou escolhas, mas se esquecem de que, da hora que acordam à hora que vão dormir, passam o dia inteiro fazendo opções e escolhas.

Alguém sugere a você qual a calça mais adequada, a camisa mais conveniente, o sapato mais confortável ou a cueca mais sexy, quando você está se vestindo para sair em direção ao seu trabalho?

Falando em direção, alguém ajudou você a definir o melhor caminho, a rota mais adequada para fugir do trânsito e chegar ao seu local de trabalho ou, de preferência, no seu primeiro cliente?

Por que será que você, ao escovar os dentes, usou aquela escova, aquele creme dental, se enxugou com aquela toalha?

Foi você quem escolheu tudo isso!

Você optou pelo tipo de trabalho que você executa, a mulher com quem resolveu casar, o imóvel que você e sua família residem e por aí vai.

Você toma decisões o tempo todo e, para cada decisão, mesmo que empiricamente, você formata um sistema de informação e um processo de análise para ajudar a tomar a melhor decisão.

Para iniciar a construção de uma equipe de vendas, também é assim.

Começamos por uma boa escolha.

Quando você vai jogar a sua partida de futebol com os amigos, como é que começa?

"Par ou ímpar?

Ganhei! Quero fulano; o outro diz: quero beltrano. Você diz: Ciclano..." e vamos ao jogo.

Depois de uma boa escolha, você vai se preocupar em armar o time, cobrar mais empenho, pedir para tocar mais a bola, fechar o meio, ter calma na saída de bola, enfim, fazer de tudo para ganhar o jogo.

Mas, se a escolha foi mal feita, vai ser bastante difícil, não é mesmo?

Portanto, a busca pelos talentos é o maior de todos os desafios.

Quanto vale um talento? Em vendas, esse é o ponto de partida.

Um vendedor de talento, um puro sangue Pit Bull, vem pelo faro, pelo cheiro de coisas boas, que ele sabe identificar como ninguém.

Um simples anúncio bem elaborado pode fisgar o talento que procuramos.

Veja este exemplo.

Anúncio para contratação de vendedores comuns:

> Empresa de porte está recrutando profissionais de vendas qualificados para integrar o seu quadro funcional.
>
> O profissional deverá preencher os requisitos básicos da função, tais como: habilidades de relacionamento, conhecimento de mercado e compromisso com a missão da empresa.
>
> A empresa oferece remuneração compatível com a função.
>
> Interessados deverão enviar currículo para a Caixa Postal 9999.

Anúncio para contratação de vendedores Pit Bulls:

Nossa empresa está em busca de um profissional diferenciado, valorizamos o ser humano e reverenciamos o talento.

Estamos contratando para admissão imediata um Vendedor de resultados.

Oferecemos remuneração fixa, participação nos resultados, prêmios e um excelente ambiente de trabalho.

Envie seu resumo profissional agora para www.vencedores.com.br, que avaliaremos seu potencial e adequação de perfil, visando uma imediata entrevista.

Um bom vendedor é impactado primeiro no seu ego, depois no seu coração, depois no seu bolso e por fim na possibilidade que ele mesmo construiu e vislumbrou, montando uma história fantástica com as poucas palavras do anúncio.

É a visão e a necessidade de futuro e de perspectivas que esse tipo de profissional precisa ter para se manter vivo.

Assim começa o processo de captura desse talento.

Uma escolha bem feita pode refletir em inúmeros benefícios para você, sua empresa e sua equipe.

Uma escolha mal feita pode ser o começo do fim de tudo para a sua área de vendas. Pode ser um processo infeccioso, contaminando o que estava bom.

A escolha é fundamental, portanto, invista mais tempo, dedique-se e monte um processo eficiente, de forma que você possa reconhecer os verdadeiros talentos.

Se você agir impulsivamente, vai pagar caro por isso.

Talvez um bom exemplo disso seja quando o seu filho chega numa certa idade e pede a você aquele presentinho:

"Pai, eu quero um cachorrinho."

Depois de passar todas as fases do estresse familiar, aquela discussão entre você e sua mulher, a definição de onde vai ficar, quem leva para passear, quem vai limpar as fezes do animal, o final é sempre o mesmo: você vai sair e comprar o cachorrinho para o seu filho.

Bem, a raça normalmente é definida pelo padrão estético, se é bonitinho e cabe no apartamento é esse que eu quero.

Mas e a escolha?

Ninguém pára para pensar que aquele presentinho vai conviver com vocês pelo menos uns sete ou oito anos, que vai conquistar o coração de quase toda a família e, por que não dizer, vai virar um membro efetivo da família.

Mas e os critérios de escolha?

Bem, tenho um amigo que comprou um filhotinho lindo e depois de cinco dias em casa descobriu que ele era surdo.

Por que será que existem raças diferentes? Deve ser porque cada raça tem o seu comportamento, seu perfil, sua genética.

Se você é daqueles que adora paz, sombra e água fresca, vai procurar o quê? Um cachorrinho tranqüilo, não é?

Isso é adequação de perfil.

Se você adquirir um poodle, não peça para ele ficar quieto; se você adquirir um golden retriever, não reclame se ele quiser a sua presença o tempo todo; se você adquirir um pastor-alemão, não peça para ele relaxar, pois ele é atento.

Agora vamos lá:

Se você escolher um vendedor que pesa 130 quilos, não espere que ele seja disciplinado e que tenha determinação, pois se tivesse esses atributos, ele usaria a seu favor, não acha?

Se você escolher um vendedor que, durante a entrevista, anota tudo que você fala numa folha pautada que acabou de ser extraída de uma linda pasta de marca, acompanhada de uma caneta sofisticada, não espere que ele faça doze visitas por dia, porque o perfil dele é de escritório e não de rua.

Se você escolher um vendedor que passou o tempo todo ouvindo a sua explanação e no final disse tudo bem, não pense que ele gostou de tudo, está tremendamente motivado e vai fazer aquela diferença na sua equipe, porque ele não vai fazer a mínima diferença, ele será somente mais um.

Se você se empolgou e escolheu aquele vendedor que não deixou você falar direito, cortou seu raciocínio no meio diversas vezes, falou das inúmeras empresas que ele passou, os enormes sucessos que ele conquistou, tenha certeza de que a sua empresa será apenas mais uma para ele.

Muito bem, vamos à observação correta para extrair boas conclusões:

a) Muitos gestores, entrevistadores ficam desesperados quando um vendedor se atrasa para uma entrevista, porque a primeira coisa que vem em mente é que ele vai deixar o seu cliente esperando. Isso não é grave, um vendedor de sucesso raramente tem uma agenda tranqüila, e o seu objetivo nesta entrevista não é o emprego, mas conferir se o seu faro e a historinha que ele criou fazem sentido ou não. Ele é curioso...

Para ele, o cliente nunca é da empresa, o cliente é dele. E das coisas dele, ele cuida como ninguém, o cliente jamais vai ficar esperando por ele. Portanto, não se precipite com essas questões de pequenos atrasos, afinal de contas, ele é uma celebridade.

b) Um vendedor de sucesso causa de cara uma boa impressão, ele chega chegando, falando algo que você não esperava ouvir nunca, tem um largo e espontâneo sorriso e é tão simpático e comunicativo com coerência, que certamente vai ultrapassar o tempo que foi destinado para a entrevista e você sequer vai perceber. Esse é um sinal importante, pois tudo que é bom passa rápido.

c) O vendedor que você precisa e que você está procurando vai surpreendê-lo com perguntas inteligentes e pontuais a todo instante. Ele vai economizar o seu discurso com apenas duas ou três perguntas-chave, que serão mais do que suficientes para ele avaliar a oportunidade.

d) Ele certamente vai questionar algumas peças fundamentais da engrenagem, tais como: política de preços e prazos, entrega, retaguarda do administrativo de vendas e estilo de gestão. Vai indagar como será o mecanismo de controle e cobrança de resultados.

e) No seu mais nobre estilo Pit Bull, vai se ater muito quando chegar na parte da remuneração sob o ponto de vista da construção da remuneração, ou seja, ele só entende a linguagem da garantia do mínimo que ele precisa para pagar as suas contas e a real possibilidade de ganhar dinheiro a partir daí. Ele jamais vai se sentir atraído por um belo plano de saúde, um salário fixo robusto na carteira e um vale-alimentação legal. Esse profissional faz isso com o dinheiro dele!

f) O vendedor de resultados precisa se apaixonar pela oportunidade e se imaginar o personagem principal deste negócio. Lembre-se: tudo começa no ego, passa pelo coração e termina no bolso.

Parece muito mimo, não é?

Mas é assim mesmo. Equipe de vendas mimada é equipe de vendas que bate a meta todo mês.

Ao conseguirmos reunir as pessoas certas, precisamos colocá-las no lugar certo, fazendo a coisa certa, com uma liderança mais do que certa – apaixonada e envolvente.

Um Novo Lar

Aqui é de fundamental importância a atuação do gestor de vendas.

Se o vendedor não sentir rapidamente que a empresa é o seu novo lar, para ele, ela não serve.

Esse tipo de profissional não gosta de cinza. Para ele ou é branco ou é preto.

Ou ama ou não tem possibilidade de gostar um pouco para depois ver se vai rolar um grande romance. Tem que ser impactante; amor à primeira vista.

Tudo que começa certo vai bem até o fim, se bem gerenciado.

A primeira impressão ainda é a que fica.

Ele vai levar a imagem da sua empresa, será o emblema da marca, vai representar os vultuosos investimentos do pessoal de marketing para fidelizar os clientes, a empresa e seus respectivos produtos ou serviços; logo ele só vai conseguir vender aquilo que ele comprou.

Se você não se emocionou,
como vai emocionar?
Se você não comprou,
como vai vender?
Se você não é, como será?

Assim sendo, faça do primeiro dia deste profissional na empresa um dia inesquecível, para ele recordar nos momentos mais íntimos, para chegar em casa comentando com a família, para fazê-lo acordar mais cedo que o normal no dia seguinte por pura excitação. Mexa com a adrenalina dele.

E quer saber? É fácil. Coloque o nome dele na porta de entrada da empresa dando-lhe as boas vindas.

Apresente-o ao primeiro escalão da empresa.

Passeie com ele por toda a empresa como se estivesse exibindo um troféu.

Promova um café da manhã com a equipe de vendas e prepare com habilidade a chegada de mais um craque no seu time.

Faça primeiro uma apresentação da sua equipe, valorize o sentimento de equipe, de união do grupo, apresente um a um os vendedores, enaltecendo cada um deles e deixe claro que ele é um privilegiado por, a partir de agora, fazer parte deste time imbatível, no qual você como gestor espera que ele some e muito com o grupo, na base da troca, do ganha-ganha.

Não o largue por um só minuto, durante este primeiro dia, afinal de contas, ele precisa comprar você também.

E, no final do dia, apresente o plano de vendas, de visitas, de conhecimento do produto, um cronograma de atividades, com início, meio e fim. Ele vai entender que a organização é um ponto-chave.

Antes de ele se despedir, surpreenda-o com um brinde da empresa, para que possa exibir quando chegar em casa e comentar que se sentiu um verdadeiro rei.

Dessa forma você deixa claro o quanto a empresa aposta nele, amplia a responsabilidade pelos resultados e compromete-o perante a equipe.

Quando ele chegar na empresa no dia seguinte, precisa sentir que essa nova empresa é a extensão do seu lar.

Ouvir e Ceder

Para que você possa ter uma equipe equilibrada, é essencial que todos os componentes da matilha tenham claras as regras do jogo. Tudo que é combinado não é caro.

Seja autêntico, absolutamente transparente naquilo que é primordial para a cultura da empresa e para o bom convívio do grupo com a liderança.

Antecipe-se aos problemas e às dificuldades, norteie a condução do grupo sob um prisma bem forte, crie um valor incontestável e intocável.

Princípio estrutural da equipe

Aquele que preza pela concentração máxima em prol de um único objetivo:

"Estamos aqui pelo mesmo motivo, portanto precisamos e devemos imprimir a mesma força, com a mesma velocidade, na mesma direção, com um só pensamento."

Princípio da ação e reação da equipe

Aquele que entende as diferenças, maximizando os pólos negativos com os positivos, obtendo energia máxima:

"Uns gostam de verde, outros de amarelo, outros de azul; alguns só pensam em estrelinhas e outros adoram escrever. Mas no fundo, todos nós somos brasileiros."

Fazer a sua parte é a maior contribuição de todas.

O vendedor é assim mesmo, se deixar ele apresenta um planejamento de logística que vai resolver o problema de atraso na entrega dos clientes dele.

O líder tem um simples, mas importantíssimo dever de casa que é fazer o vendedor se concentrar no seu dever de casa.

O vendedor tem de ter a consciência de que se cada membro da equipe fizer a sua parte, temos um todo, que é o objetivo maior da empresa.

É como se fosse um quebra-cabeça: se alguém não tem uma peça, a figura fica incompleta.

É o bolo que falamos no livro *O Vendedor Pit Bull.*

Se você não coloca a sua fatia, não tem um bolo, temos várias fatias de bolo, mas nunca um bolo.

A liderança tem que ter a arte de conduzir o grupo à construção de suas respectivas fatias e depois harmonizá-las em formato, textura e outros atributos que são esperados pela organização.

É simples: se a meta corporativa é 100, você tem 5 vendedores com metas de 25 cada um, 75 de resultado não é nada.

É aquela velha história de ser vice-campeão do mundo.

Vice é vice. 100 é 100, não é 75.

O líder, o gestor de vendas, tem como atribuição máxima manipular cada fatia para compor o todo.

Este é o desafio.

Quando atingimos os 100% esperados, significa que nossas metas quantitativas estão alinhadas e podemos começar a pensar nas metas qualitativas (melhor preço, melhor mix, qualidade de informações e outras mais).

O vendedor tem de fazer a sua parte, até porque se ele não fizer isso, ele não é parte de nada.

Suor e um sorriso

Para um vendedor a máxima de transpirar mais do que inspirar não é apenas só uma verdade, é uma lei.

Lembram-se do V + V = P?

O V do vendedor tem a ver com o V de visita.

Vendedor bom é aquele que dá valor a uma visita a mais, que sabe que a sua chance de crescimento e obtenção da fatia está aí. Tem de suar a camisa!

É o esforço extra, o algo a mais, a diferença entre o sucesso e o fracasso.

Aqui o papel do gestor é fundamental, pois a visita tem de ser fruto de prazer.

O vendedor que não gosta de estar com os seus clientes, não é vendedor é auxiliar de atendente do censo.

Vendedor gosta de rua e tem de ser incentivado para cada vez mais estar com os seus clientes, passeando no ponto de vendas, porque é ali que estão as oportunidades.

O suor não pode ser de sacrifício e sim conseqüência de prazer, assim como quando saímos de uma partida de futebol em direção à primeira mesa de bar.

Ninguém pensa em tomar banho, ninguém está incomodado com o suor, é só alegria, e toma-lhe cerveja.

No caso de vendas, é toma-lhe pedido!

O gestor tem de estar atento ao estado de espírito do homem de vendas (alô mulheres, essa é só uma expressão, vocês são imbatíveis), se o suor não vem acompanhado de um sorriso é porque está tudo errado.

Em vendas, suor e sorriso funcionam mais que Batman e Robin.

O Tal do *Feedback*

Um elemento indispensável neste time, que não tem RG, CPF, não recebe salário no final do mês, mas se não estiver presente tudo vai por água abaixo é o nosso amigo feedback.

Talvez o maior *link* entre os membros de uma equipe, um dos fatores chaves de sucesso de manter e aprimorar as pessoas a trabalharem juntas seja a capacidade, e por que não dizer a habilidade, de dar e receber feedback.

Oportunidades, problemas, ameaças, assuntos delicados, constrangedores, responsabilidades, atribuições, enfim, é excelente quando numa equipe não há receio em se dizer:

"Eu acho que isto não vai dar certo, não é a nossa direção, estamos fugindo do foco."

Ora, isto pode ser encarado como um comentário destrutivo e um imenso complicador para a convivência desta criatura no grupo ou pode ser encarado como alguém que entende que é co-responsável por tudo aquilo que for decidido pelo grupo e conduzido pelo líder.

É a posição de ser honesto com a causa do grupo, com o objetivo de corrigir, de acertar.

Existe uma diferença crônica entre um *pool* de reclamações, que normalmente vem após a equipe não conseguir cumprir a sua meta e a prática do feedback, que é constante e cíclica num grupo que previne a correção da rota, desativando o botão da vaidade, tudo em prol da meta de vendas.

O exercício do feedback potencializa e provoca uma sinergia de talentos no grupo, qualificando o todo.

Sob este prisma todos dividem a responsabilidade daquele entendimento, daquela visão tornar-se uma realidade produtiva para todos.

É um estágio de maturidade profissional, que deve ser provocado, estimulado e conduzido pelo líder.

Pessoas de puro talento desenvolvendo seu trabalho de forma independente e autônoma podem destruir uma equipe.

É... esses são alguns dos passos desta caminhada de formação de uma equipe de vendas saudável e de resultados.

Este investimento é de vital importância, até porque quem alimenta seu caixa são os seus vendedores, logo investir num bom treinador e num artilheiro não me parece um mau negócio.

As empresas precisam das melhores ferramentas para construir e manter um resultado positivo e operante.

Capítulo 2

Positivo e Operante

Você já se imaginou andando pelas ruas pisando nos pés de todo mundo?

O que aconteceria se durante o ano você faltasse a pelo menos 45% das aulas na sua escola?

Já se imaginou andando com um carro a 90 Km/h na contramão?

Achou muito absurdo?

Claro, você está acostumado a este padrão de conduta, a essas regras, logo você reage com naturalidade a todas essas questões.

Mas quando as regras são novas ou dependem de um esforço extra ou são focadas num programa de melhoria exclusivamente para você, elas são automaticamente rejeitadas e questionadas.

Na maioria das vezes, sabemos o que tem de ser feito, mas não conseguimos fazer.

Digo não conseguimos, porque existe a vontade, mas não existe a ação, principalmente a ação continuada.

Em vendas é muito comum os vendedores implantarem as suas regras, seus padrões de conduta e as suas próprias metas.

Tudo depende do espaço, da freqüência e do envolvimento do líder para fixar metas e objetivos a serem cumpridos a partir de determinadas ações.

Focar no "O QUÊ?" é muito mais confortável do que centralizar as atenções no "COMO?".

Vejamos:

O QUÊ?:

Preciso parar de fumar.

COMO?:

Estabelecendo descontinuidade das unidades/dia, amparado em respaldo e acompanhamento médico 3 vezes por semana, terças, quintas e sextas às 16 horas.

O QUÊ?:

Preciso perder 12 quilos.

COMO?:

Cortando a bebida alcoólica durante 2 meses, cortando gorduras e carboidratos durante 30 dias, me matriculando numa academia e cumprindo o circuito de exercícios 3 vezes por semana.

Vejam vocês que "O QUÊ?" é filosófico, é quase um sonho, é intangível, porém absolutamente possível, desde que venha obrigatoriamente acompanhado do "COMO".

Vejamos em vendas como funciona:

O QUÊ?:

Vender neste mês R$ 95.000,00, correspondentes a 4.300 unidades de produtos, auferindo uma comissão de R$ 9.500,000 e prêmio de R$ 600,00.

COMO?:

1) Visitar 100% dos clientes da carteira, sendo que com intensidade dobrada os clientes correspondentes a curva B e intensidade máxima os clientes da curva A.
2) Otimizar os recursos promocionais, gerando movimentação de produtos de baixo giro.
3) Promover incremento de volumes nos clientes-chave, da curva A, propiciando ganho de escala e repasse de benefício no preço.
4) Apresentar os investimentos de marketing em cada linha de produtos e nossos esforços de mídia para contribuir com o giro do produto no ponto de venda.
5) Assessorar o cliente nas ações de *merchandising*.
6) Revitalizar a carteira, promovendo a ativação de clientes que não compram há mais de 3 meses, oferecendo a condição comercial diferenciada na tabela de preços B.
7) Conquistar 2 clientes novos, utilizando as ofertas de aberturas de novos clientes.

Como você pode ver, ganhar R$ 9.500,00 por mês não é tão difícil assim, desde que você saiba COMO fazer e tenha uma gestão participativa, eficiente e dinâmica que ajude no desempenho destas 7 tarefas elencadas no COMO.

Existem questões que são definitivas em nossas vidas:

Quem quer, faz; quem não quer, fica olhando os outros fazerem e crescerem a tal ponto que te atropelam, muitas vezes, sem querer. Cuidado!

Falando em quem quer faz, uma das coisas que estavam previstas na minha vida e que eu não fiz foi servir ao Exército Brasileiro.

Eu, aliás, às vésperas de completar meus 18 anos, fazendo inúmeras provas para aqueles intermináveis vestibulares e tendo de encarar um serviço militar, não poderia morrer de amores por aqueles tanques e jipes verdes.

Naquele tempo, a maioria do jovens fazia de tudo para não ficar por aqueles doze intermináveis meses dentro de um quartel.

Hoje em dia é exatamente ao contrário, os jovens querem e precisam desta oportunidade, que é encarada como uma possibilidade de construir carreira.

Olha aí o que a crise faz... Um problema vira oportunidade!

Muito bem, eu fiz a prova, passei e pude optar pela dispensa.

Mas, mesmo não tendo vivido dentro de um quartel, aprendi uma lição fundamental, naquelas idas e vindas para inscrição, fotos, provas e exames médicos:

A disciplina

Falando em exame médico no quartel, você consegue imaginar mais de 100 homens todos pelados na mesma sala? É terrível!!

Mas vamos lá, quando você pensa em disciplina militar, o que vem à mente é rigidez, inflexibilidade, caras feias e tudo o mais.

Se você construir o hábito de olhar para o contexto que se apresenta e somente vibrar e semear as coisas boas, ou seja, o lado positivo da história, certamente você acumulará conhecimento e riqueza. Foi o que eu fiz.

A disciplina que eu pratico é mais ou menos assim:

Fazer o que tem de ser feito da forma e com a intensidade que tem de ser feito.

Disciplina não é fazer necessariamente o melhor, é simplesmente fazer.

Esta terminologia, POSITIVO E OPERANTE, muito utilizada no sistema militar, principalmente via rádio, foi algo que ficou comigo durante todos estes anos.

Vem comigo:

POSITIVO, a própria palavra já diz:

Aquilo com que se pode contar, afirmativo, decisivo.

Não estamos falando do lado oposto da pilha negativa, estamos falando daquilo que é positivo, terminante, afirmativo.

Ser positivo é a mesma coisa que ser otimista, pra frente!

Quando você atua em positivo, o seu polegar está sempre para cima.

Positivo é campeão.

É estar de bem com a vida, ou pelo menos orientado e na busca pelo bem.

E OPERANTE?

OPERANTE, é estar ativo, ligado sempre no 220.

Estar no jogo em busca da vitória, competindo para vencer, colocando em prática o treinamento, trabalhando, ou melhor, vendendo.

O meu positivo e operante, diga-se de passagem eu falo muito isso, tem embutido, neste binômio, a disciplina militar

Fazer o que tem de ser feito com alegria e muita disposição. Mas, Fazer!

As pessoas que não são disciplinadas normalmente são as que fracassam no mundo corporativo, principalmente nos dias de hoje.

Você só consegue se manter no topo sem disciplina se tiver algum amparo sobrenatural.

Vejam vocês o péssimo exemplo dos políticos.

Eles podem ser indisciplinados, que estão garantidos por um mandato, ou, às vezes, até por um *habeas corpus*.

Veja só se eu não tenho alguma razão:

Se você já sabe que nada compromete a sua posição, a indisciplina é um veneno fácil de ser ingerido, principalmente para aqueles que nem ambição têm.

Um vendedor sem disciplina ou é um visitador profissional ou um eterno viajante.

Um executivo indisciplinado será um constante desempregado.

Um empresário sem disciplina é aquele que tem a postura de dono, e aí é certo que ele vai ficar sentadinho lá até o dia da falência da sua empresa.

Esta é outra doença grave:

Ser dono.

Bem, dono é dono.

Você pode ser dono do seu cachorro, do seu gato, da sua cueca, da sua borracharia, de seu carrinho de cachorro-quente, enfim, dono é dono.

Dono manda e desmanda pelo prazer de ser dono. Manda prender e soltar num piscar de olhos.

Quer maior indisciplina do que essa?

Agora um empresário disciplinado não tem postura de dono e sim de executivo da sua própria organização.

Dica de disciplina para um bom gestor de vendas:

O melhor estímulo à disciplina é criar mecanismos de exposição da sua gestão e uma forma absolutamente prática de avaliação e desempenho.

A disciplina é um dos fatores-chave de sucesso dos profissionais de vendas.

Começa logo cedo. A que horas eu acordo amanhã?

Posso levantar um pouco mais tarde ou um pouco mais cedo, afinal de contas não tenho nenhum cartão de ponto para bater e ser conferido.

Ora, se esse vendedor é disciplinado, o que ele faz?

Cria mecanismos de exposição e desempenho.

Se ele for mais ou menos disciplinado, o gestor toma a frente do processo, criando e monitorando estes mecanismos.

Agenda para todos os dias, a sua primeira visita na primeira hora da manhã.

Se este vendedor é disciplinado, ele faz roteiro de visitas, planeja, cumpre o planejado e depois avalia os resultados.

Da mesma maneira que ele se auto-motiva, ele precisa criar uma ferramenta de auto-cobrança.

Daí vem a expressão auto-suficiente.

Tudo isso é fruto da tal disciplina. E, pelo amor de Deus, não inicie esse processo de disciplina com uma promessa.

Aí eu me lembro de: Vou parar de fumar. Segunda-feira eu começo meu regime.

Disciplina requer preparo.

Requer o "COMO?".

Você precisa se qualificar cada vez mais, faça um pouco a cada dia, leia um artigo, depois leia uma revista, você vai se espantar quando estiver no final de um livro.

Tudo é processo, precisa começar e caminhar aos poucos, mas precisa começar e não desistir.

Os vencedores são aqueles que nunca desistem.

Se você continuar nesta vida de improvisos, jamais será uma pessoa disciplinada, pois disciplina requer antecedência das ações, planejamento.

Saber o que, quando e como você vai começar um processo novo e que benefícios você colherá.

Lembre-se que quem vive de discurso é político.

Você não precisa de palavras, você precisa de ação e de exemplos.

As palavras movem, os exemplos arrastam.

Outra coisa muito importante para construir dentro de você a disciplina é não acreditar no impossível.

Se alguém ou alguns já conseguiram, você só não vai conseguir se não quiser, ou melhor, se for mais um indisciplinado.

A disciplina agrega valor ao ser humano, eleva exponencialmente a disposição e a crença na vitória.

Se ao colher no pé da árvore, a fruta é maçã, é porque você plantou maçã.

Parece óbvio, não é?

Mas muita gente planta jaca, ou não planta nada e fica na torcida de colher morangos ou maçãs.

O futuro depende do que é feito no presente.

Se você pretende realizar seus objetivos e alcançar as suas metas, tenha muita disciplina.

Para um ex-praticante de artes marciais como eu, é difícil não comentar a disciplina oriental.

No primeiro livro falei do judô, no segundo do aikidô e agora gostaria de comentar a disciplina dos Samurais.

O Samurai quando aplica um golpe é cirurgicamente preciso.

Você consegue se imaginar frente a frente com um Samurai? Imagine a barriga ficando fria...

O seu sentimento certamente será de impotência e de derrota.

Mas por que será?

Bem, deve ser a sua referência em relação aos Samurais.

Mas como será que o Samurai chegou até este ponto?

Quando eles nascem, obedecendo a todo aquele lindo ritual, já existe um programa de vida para cada um deles.

Logo aos cinco anos, já começam a treinar o manejo com o arco e a flecha e a montaria.

Aprendem a escrita chinesa e desenvolvem conhecimentos sobre o uso de armas. São horas de treinamentos diários.

A preparação do corpo e da mente começa muito cedo.

Para um Samurai, a disciplina é a base da vida.

Disciplina é prática, organização e responsabilidade.

Muito Importante:

Seja um disciplinado feliz, sem trezentas e cinqüenta regras por minutos, sem pressão por todos os lados, sem rigidez.

Faça da disciplina uma aliada e não um componente incômodo na sua vida.

Tenha coragem, seja persistente e priorize suas atividades.

No nosso caso, de gestores de vendas e vendedores, é bastante comum depararmos com indisciplinados e muito mais fácil ainda identificá-los.

Pasmem, canso de ver vendedores que não praticam sequer um planejamento de visitas escrito, porque para mim, planejamento é como jogo do bicho, vale o que está escrito.

É o início de tudo: planejar, agendar as suas visitas e seguir de forma fiel o previamente estabelecido.

O foco não tem de estar no resultado do que será feito e sim no que tem de ser feito.

Muito importante também é ter o mínimo conhecimento do que vem a ser prioridade.

Existe uma diferença clássica entre o urgente e o importante.

O Importante é Vender. Não tire isso da sua cabeça!

O urgente é tudo na vida de um vendedor, tudo tem de ser para ontem, isso é o que caracteriza o vencedor, o compulsivo por resultados positivos, aquele que é um sério candidato a rei na empresa.

Aqui, mais uma vez, é um ponto nevrálgico da gestão de vendas.

O gestor tem de incentivar o "desespero", o urgente, mas qualificar o vendedor a conduzir de uma forma objetiva e organizada.

Um dos sintomas freqüentes da indisciplina na vida de um profissional de vendas é o seu orçamento.

Aquelas contas a mais que sempre lhe tiram o sono e principalmente a falta de controle de seus gastos.

Neste caso o mínimo precisa ser feito para disciplinar sua vida financeira.

O mínimo é orçar e controlar.

Ser disciplinado em vendas é fazer o feijão com arroz, é fazer o simples, ser direto, objetivo e cirúrgico.

O importante é vender, é trazer o pedido para dentro de casa. Logo, não fique à caça de saídas fantásticas, atalhos ou grandes sacadas, faça o simples e você verá que as conseqüências são lógicas e altamente lucrativas.

O gestor tem que andar sempre muito junto do vendedor, porque como todo talento em potencial, a facilidade de dispersar é muito grande e até convidativa.

É importante demais ser disciplinado emocionalmente.

Se você se conscientizar de que a disciplina é um processo, tudo fica mais suave.

Imagine que um processo é nada mais nada menos que uma seqüência de fatos programados, que precisam ter início, meio e fim; logo, por que não dar o primeiro passo?

Sabe aquela historinha que sempre ouvimos de nossos gerentes de vendas, que vendedor tem de ver uma cenourinha lá na frente para ele ir buscar.

Que tal você mesmo colocar a sua cenourinha?

Calma, muita calma nesta hora com a cenourinha...

É mais ou menos assim:

Se você pretende como fruto de seu esforço, talento e disciplina comprar um carro com a sua comissão de vendas, por que não dar o primeiro passo?

Compre um chaveiro. É emblemático, mas pode significar muito.

Certa vez, fizemos uma campanha para os nossos vendedores para o trimestre e o prêmio era uma semana na Disney.

Bem, o primeiro passo eu fiz questão de dar:

Em cada um dos três meses, logo no início do mês, eu mandava para a esposa de cada um deles um brinde.

No primeiro mês, mandamos um vídeo com todas as atrações da Disney.

No segundo mês mandamos um guia de viagem para a Disney.

E, no início do terceiro e último mês, só para aqueles vendedores que estavam acima da meta proporcionada do trimestre, nós adiantamos 50 dólares. Isto tudo por quê?

Porque estávamos prestigiando a disciplina no grupo e utilizando a antecipação do desejo para, principalmente, identificar aqueles que realmente estavam dispostos a trabalhar com disciplina e foco.

Bem, aqueles que não reagiram acabaram indo para o concorrente, que era o melhor lugar para eles e para nós. Enfim, disciplina tem charme também.

Faça uma avaliação da sua conduta e veja aonde exatamente você se enquadra.

Você é disciplinado ou indisciplinado? O disciplinado é o vencedor.

O indisciplinado pode ser aquele que tem absoluta convicção da sua dificuldade e se esforça para mudar, mas no fim não obtém êxito na organização de sua vida e ainda acaba contaminando todo mundo que o cerca.

Ou pode ser aquele clássico:

"Eu sou assim mesmo", o que, diga-se de passagem, é muito mais fácil.

Normalmente eles têm tiradas do tipo:

Você está querendo me mudar? Cada um é cada um.

Estou absolutamente convencido que, dificilmente, você encontrará um vencedor em vendas sem uma das características básicas do sucesso que é a disciplina.

Muitos gestores de vendas conseguem literalmente enquadrar alguns vendedores a conviver com a disciplina e outros preferem abrir mão deste árduo trabalho e voltar à estaca zero.

A culpa não é do vendedor e sim do gestor.

Você escolheu mal e fez a empresa e a sua equipe perderem tempo e dinheiro.

Portanto, invista tempo nas horas certas.

O gerente de vendas atinge o equilíbrio da sua gestão quando articula de forma contagiante e precisa a gestão dos processos de vendas e a gestão dos seus talentos.

Capítulo 3

Motivação não é Ficar Rindo à-toa

Existe uma diferença crônica quando se fala que a empresa está crescendo, mas ninguém percebe que na realidade ela está inchando.

Como é que você faz uma bela massa de bolo?

Você bate, bate, bate, que ela fica uma beleza.

Mas nem tudo na vida é assim.

Na maioria das vezes, bater muito só desgasta e causa pânico ou descrédito.

Fale para um adolescente que se ele não estudar ele não vai ser ninguém na vida. Adianta?

Aos 40 anos de idade, fale para o seu pai não se preocupar, que saltar de pára-quedas é muito seguro. Adianta?

Falo isso, porque eu já estou ficando preocupado com esta tal motivação.

Só se fala nisso!

Estou motivado, estou desmotivado, preciso motivar a minha equipe e coisas assim.

Minha equipe precisa de motivação!

Vejo as empresas gastando rios de dinheiro para motivar as suas equipes de vendas e sinceramente acho que motivação está virando um negócio parecido com a famosa parceria.

Vivemos um momento em que só se falava em parceria.

Temos que ser parceiros, temos que construir parcerias.

Isso ficou tão desgastado que hoje quando alguém fala em fazer parceria, nós já ficamos com o pé bem atrás e de costas para a parede, sabe como...

Só para constar, estamos vivendo agora o momento das alianças.

O que me parece mais inteligente, mas isso é assunto para outro livro.

Motivação está indo por este caminho.

Será que isto é o mais importante?

Será que as empresas precisam gastar tanto assim para motivar as suas equipes?

No meu ponto de vista, motivação não custa absolutamente nada!

Motivar é uma arte!

Motivar é um atributo do gestor!

O gestor de vendas que não consegue manter a sua equipe motivada é um péssimo gestor.

Temos que trocar a liderança, porque precisamos da equipe motivada todos os dias.

Ou será que todos os dias vamos ter de contratar um palestrante motivacional? Fico arrepiado com isso.

As empresas têm de pensar em investir o seu dinheiro na qualificação do gestor e da sua equipe, o tempo todo.

Eles têm que ser os melhores!

Investir certo na contratação de um bom gestor, que certamente vai saber manter a equipe motivada o tempo todo.

Mas as empresas insistem em utilizar os serviços de consultores de recursos humanos para contratar profissionais da área de vendas. Esses consultores levam um baile.

Ou vocês acham que um médio gerente de vendas ou um médio vendedor não tem habilidade e capacidade de envolver esse pessoal? Isso é fácil para eles.

Como eu conseguiria contratar um designer gráfico se eu não tenho noção nem de como se inicia um programa tipo "illustrator?" É impossível.

Estamos na era da especialização a serviço da generalização.

Este é um erro muito comum que tem custado muito caro às empresas.

Já parou para pensar que o problema pode não estar no preço, no produto, no mercado e sim dentro da sua casa:

Seu gerente de vendas e sua equipe de vendas.

Fazer boas escolhas e treinar de forma eficiente um grupo é tudo. Ninguém cria músculos do nada.

Tudo é fruto de avaliações constantes e muito, mas muito treinamento.

Você precisa de motivação ou de treinamento? Você precisa dos dois!

É fácil, você não sobrevive sem motivação.

Não estou só falando de vendas não, estou falando de tudo.

Pense bem, se você chega em casa depois daquela semana inteira viajando pelo interior do estado, após diversas visitas de vendas e ao deparar com a sua esposa, você dá de cara com aquela mulher cheia de "bob" no cabelo, aquele lenço segurando a armação, cheiro de fritura e, para piorar, reclamando do horário que você chega.

Me diga, que dinheiro no mundo resolve isso?

Tem palestrante motivacional para isso?

Qual é a motivação que você tem para dar o próximo passo e realmente entrar na sua casa?

Agora vejamos o contrário:

Aquela mulher linda, suavemente maquiada, perfumada, delicadamente bem vestida e ainda por cima te recebe com um enorme sorriso?

Bem, não quero nem pensar.

Hoje é festa lá no meu apê, vai rolar de tudo...

Será que é difícil manter-se motivado?

Em nossa grande maioria, nós profissionais, já temos uma família constituída, com esposa e filhos.

Muito bem, você quer motivação maior que o sorriso do seu filho ao despertar.

Quer motivação maior do que a sua responsabilidade de trazer alguém a este louco mundo que vivemos e encaminhá-lo para a vida.

Quer motivação maior do que ouvir seu filho dizer:

Pai, eu te amo!
Pai, eu passei de ano!
Pai, eu ganhei o jogo!

Como você pode ver, é muito fácil estar motivado.

É só uma questão de foco.

O que você pretende dizer ao seu filho, quando ele pedir a você aquele brinquedo da moda? Aquele brinquedo que todos os amiguinhos dele têm.

Uma das suas maiores motivações tem de ser conseguir atender às expectativas do seu filho.

Ou você pretende ter a cara-de-pau de dizer não a um simples desejo do seu filho?

As coisas são simples, nós é que as complicamos.

Feche os seus olhos e viaje no tempo...

Pense naquele dia que a sua esposa teve muito orgulho de você e disse muito obrigado.

Quando seu filho, no Natal passado, abriu aquele presente que ele tanto queria e você se emocionou, apesar do tal Papai Noel ter levado todos os méritos.

Ora, se a sua família não é motivo suficiente para mantê-lo totalmente turbinado no dia-a-dia, você tem sérios problemas.

Você é um *iceberg*!

Se você acha que não vale a pena vencer por você, vença por eles!

Motivação é não esperar o sol nascer!

ALÔ, MEU AMIGO GERENTE DE VENDAS:

Uma das ferramentas-chave da motivação é a comunicação, e isso é de graça, só precisa ter competência.

Para um vendedor, uma palavra de incentivo vinda da pessoa certa, na hora certa, tem um valor incalculável.

Você sabe quanto vale para um vendedor ser ouvido e ser notado na empresa? Já pensou em perguntar a opinião dele?

No mínimo ele vai se sentir respeitado e útil e assim você aumenta a motivação dele.

O respeito é um anabolizante motivacional para qualquer pessoa.

Os desavisados de plantão acham que para conquistar um vendedor, basta aquele tapinha nas costas.

Quem gosta de tapinha nas costas é quem esta engasgado com alguma coisa.

Vendedor não é otário!

Sabe aquele "muito bem", "muito bom", "bonito"?

Isso é coisa de adestrador de cães.

O vendedor precisa de informações, conselhos e avaliações e orientações precisas.

Todo mundo quer ser alguém nesta vida.

O vendedor quer se sentir orgulhoso do que faz e ter a certeza de que a sua parte foi decisiva para o resultado de um todo.

Em algum lugar, de alguma forma, alguém tem de deixar claro que ele faz a diferença e é reconhecido por isso.

E, pelo amor de Deus, troque o tapinha nas costas por algo mais palpável.

Quem sabe, demonstrar esse reconhecimento pagando bem, pagando mais e, melhor, premiando.

Aí sim, a empresa estará investindo bem o seu dinheiro.

Abra um canal de fácil acesso para o vendedor, estabeleça uma forma de comunicação fácil e bem-humorada, pois este é o clima.

Não incentive as conversinhas da "rádio-peão" ou do ponto do café para assuntos de grande valia da empresa.

Estimule para que o vendedor fale com a empresa, para que ele não tenha de desabafar com o seu concorrente.

Não existem empresas
motivadas e empresas desmotivadas.
Existem empresas e projetos de empresas.

A falta de motivação cíclica, espontânea e bem-articulada na empresa leva ao fundo do poço toda a equipe, e aí entra em cena o veneno mortal:

A tristeza ou a depressão corporativa.

A tristeza é um estado de espírito que neutraliza suas emoções e gera um filme de sucessivos capítulos de dor.

Mas, a opção é sua: você acorda todas as manhãs e decide que tipo de dia você pretende ter.

Vou promover um ótimo dia e contagiar as pessoas, ou vou contaminá-las com minhas lamentações e desculpas pelo possível fracasso?

Você pode escolher:
Viver um dia como tigre ou cem anos como carniça.

Um atributo fantástico do vendedor que se auto-motiva é ter a dádiva de sempre perceber o lado positivo das situações.

É muito melhor viver assim.

A vida é como uma linda floresta, de matas verdejantes, flores coloridas e de extrema beleza natural.

Você pode ser um beija-flor ou um urubu.

A floresta é a mesma, só que o beija-flor vai em busca do melhor, e o urubu, sempre de cabeça baixa, vai direto ao pior.

Ele não busca nada e só consegue enxergar o lado negativo da história.

O que você acha melhor?

Leve a vida num "estilo pilha":

Tudo tem o seu lado positivo e negativo. Cabe a você a escolha.

Vender sem motivação é a mesma coisa que passar uma temporada no inferno e não suar.

Capítulo 4

Você Acredita em Sonhos? Então Vá Dormir!

Existem certas coisas que, além de me incomodar profundamente, são um perigo para qualquer organização.

Para falar a verdade, acho que é um perigo para a vida de cada um de nós.

Dizem que sonhar é bom e faz parte da sua conquista.

Dizem até que, quem não sonha, vive para nada.

Acho tudo muito legal da porta da empresa para fora.

O mundo corporativo é tangível.

Você não paga as suas contas com sonhos.

Pensando bem, o que é um sonho?

Vejamos a definição do excelente *Dicionário Michaellis*:

Sonho – representação em nossa mente de alguma coisa ou fato, enquanto dormimos. Coisa imaginada, mas sem existência real no mundo dos sentidos. Imaginação sem fundamento, fantasia, ilusão, utopia. Coisa vã, fútil, transitória, sem consistência. Pequeno bolo fofo esférico, de farinha e ovos, frito em azeite.

Muito bem, tirando a parte do bolo que compramos ou fazemos e podemos comer, o que temos de concreto? Nada.

Por isso, se o grande sonho da sua vida é ser o melhor gerente de vendas da sua empresa, o melhor que você tem a fazer é ir já para a cama dormir.

Agora, se em vez de um sonho, você tem um objetivo, podemos pensar em organizar algumas coisas para que isso aconteça.

Você não precisa fazer nenhum esforço para sonhar.

Para alcançar os seus objetivos, um dos fatores determinantes é exatamente o esforço extra.

Falamos um pouco de disciplina, falamos de motivação e de uma forma bastante simples, vamos juntar estes ingredientes e formatar o "COMO?" do objetivo.

Um passo a passo fácil de esquematizar e controlar.

Como você bem sabe, o bom vendedor é aquele que formula as melhores perguntas.

Para que você possa administrar de uma forma eficiente a caminhada do seu objetivo, que tal tratá-lo como o seu principal cliente?

Vamos fazer algumas perguntas ao nosso amigo objetivo:

1. O que pretendemos fazer e em quantos passos?
2. Temos uma bela justificativa para o que pretendemos fazer? O porquê disto?
3. Temos um ponto físico, sabemos onde podemos fazer isso?
4. Começamos já? Se não, quando começamos?
5. Quem é o líder? Quem será o responsável?
6. Que metodologia usaremos? Como faremos?
7. Quanto vai custar fazer isto?

Essas perguntas respondidas de forma eficaz e objetiva, vão lhe proporcionar uma matriz que poderá ser controlada passo a passo.

Vale a pena tentar!

Se você já está convencido de que objetivo é melhor do que sonho, podemos dar um *"upgrade"* em nosso bate-papo e, com base em nossas respostas acima, convergir todo esse esforço para um plano de metas e controles.

Metas e controles, ambos apavoram qualquer vendedor.

Tenho certeza de que você concorda comigo que uma equipe de vendas sem metas e sem controles não é uma equipe, e sim um bando de pessoas bem intencionadas em busca de alguma coisa que ninguém sabe direito o que é e muito menos como conquistar.

Eu fico atento demais aos gestores de vendas, quando o assunto é Meta.

Estabelecer metas tem um sentido, tem um motivo maior, que é construir um desafio.

Juntando as palavras acima, motivo e sentido, chegamos na motivação ampliada, que é o porquê de tudo:

A Conquista.

Definir metas é uma arte, pois as metas têm de ser crescentes e principalmente coerentes.

Se você tem um vendedor que vende por mês 100 e você como gestor estabelece uma meta de 180, é complicado.

Ou você tem uma forte e consistente exposição de motivos, que propiciará ao vendedor alcançar essa nova meta ou é uma grande utopia que só serve para desmotivar o seu vendedor e se expor perante a equipe.

Agora, pior ainda é se tinha esse espaço todo para crescer e ele não gerou esse crescimento, ou ainda, se você como gestor só enxergou isto agora.

Lamento informar que você está com um vendedor desqualificado e você está há muito tempo sem correr à praça deste vendedor.

Quando se estabelece uma meta, o gestor tem que pensar no porquê disto.

Ora, se a meta é crescente, o porquê é simples:

É fortalecer o nível de ganhos da empresa e do vendedor.

Pronto, encontramos uma palavra importante: ganho.

O que queremos? Queremos cada vez mais obter lucros financeiros como retribuição à nossa competência e esforço.

Claro que tem um montão de coisas importantes também, a tal realização profissional, a alegria, a felicidade, o amor, a paixão, mas fica sem faturar o seu dinheirinho para ver o que acontece.

O importante é vender e faturar cada vez mais!

Esta importante expressão, "ganhar dinheiro", também me dá um pouco de dor nas costas.

Sabe por quê?

Eu nunca ganhei dinheiro de ninguém.

Não me lembro de nenhuma criatura bater à minha porta e dizer:

Luppa, meu querido, segura aí esses R$10.000,00.

Ganhar é ganhar.

Ganhar significa que você não fez nada, só ganhou.

Por isso, prefiro a expressão "Fazer dinheiro"!

E se você pensa que para fazer dinheiro é de fundamental importância ter uma máquina, você acertou novamente.

Neste caso, a máquina somos nós.

Veja que a palavra "fazer" tem força.

Talvez devêssemos trocar "ganhar dinheiro" por "fazer dinheiro".

Meu amigo gerente de vendas tem de estar muito atento a esses detalhes.

Ainda falando em metas, sugiro que você habitue a sua equipe a pensar na meta o tempo todo, pois ela é o nosso norte, o nosso porto seguro.

Assim sendo, sugiro que você abdique da expressão "meta mensal de vendas".

Por que "meta mensal"?

Só vende uma vez por mês?

Meta boa é aquela que o vendedor sabe de cabeça.

Tenho de vender por dia R$ 100,00. Tenho de vender 10 unidades por dia. Tenho 12 visitas a fazer por dia. Tenho 8 pedidos a emitir por dia.

Cada dia um desafio, esta é a melhor parte.

Imagine uma estrada:

A meta é o destino final, os pedágios são as avaliações periódicas e as placas indicando a quilometragem são os controles.

Controles:

Eu sempre falo sobre isso.

Falou em controlar, os vendedores ficam arrepiados.

Isto gera um desconforto maior que calçar um sapato 38, quando o seu número é 42.

Mas esta é uma questão irreversível, tanto na aplicabilidade que é indispensável, quanto na operação, que retrata com fidelidade os pontos de ajustes.

Meu amigo gerente, o primeiro desafio é demonstrar com clareza e objetividade ao seu vendedor que isto é ganho real.

Se ele não comprar essa idéia, você já viu, né...?

Vamos tentar criar uma linha de ação para que você possa convencê-lo com certa facilidade.

Como tudo começa com uma boa pergunta, faça a seguinte pergunta a ele:

Quanto você vendeu esta semana?

Ele certamente vai recorrer à emissão de pedidos ou até mesmo ao faturamento da empresa e vai lhe responder com absoluta precisão.

Vamos à segunda pergunta:

Quanto você deixou de vender esta semana?

Pausa de 17 minutos, porque o vendedor está tentando fazer um esforço extraordinário de memória para responder.

Passado o referido tempo, vem o silêncio que em vendas quer dizer: não sei.

Mas é claro que ele não sabe.

Ele não tem registros sobre isso, não tem nenhum tipo de estatística, ele não tem controle algum.

Voltando ao exemplo da estrada, se você não olha as placas de sinalização da quilometragem, como você poderá saber quantos quilômetros faltam para o destino final. Será que a gasolina vai dar?

Os controles são seus maiores sócios neste negócio de fazer dinheiro vendendo. Afinal de contas, se você não sabe onde está errando, como pretende um dia dar jeito neste erro? Como vai vender mais? Como vai superar as suas metas?

O sucesso da gestão de vendas não está em controlar as vendas, e sim as ações de vendas.

O que importa é o desempenho de cada membro da sua equipe de vendas.

Avaliar rotineiramente os índices estabelecidos e medir a eficiência deles.

Às vezes força demais atrapalha, tem de ter jeito.

Se você não estabelece controles para a sua equipe, você não tem gestão alguma.

É um folclore!

Em vendas, o que não tem número simplesmente não existe.

Mas que tipo de controles são esses?

Os vendedores já começam:

- Vão querer saber o meu horário de tudo e eu não estou aqui para ficar batendo cartão.
- Lá vai o meu gerente começar a me ligar para ficar checando o meu roteiro de visitas.
- Vai começar aquela historinha de jogar verde para colher maduro.

Minha gente, isso é coisa do passado.

Controlar não tem nada a ver com investigar.

Estabelecer controles, nada tem a ver com estabelecer regras e limites de ação.

Se liga, são coisas absolutamente distintas.

Pedala Robinho!

Para facilitar a compreensão, podemos dar alguns exemplos:

1) Número de pedidos
2) Valor médio do pedido
3) Número de pedidos cancelados
4) Número de clientes prospectados
5) Número de clientes perdidos
6) Número de clientes conquistados
7) Número de clientes recuperados
8) Número de clientes ativos
9) Número de visitas
10) Número de visitas planejadas
11) Número de visitas espontâneas (não programadas)
12) Número de visitas por dia
13) Número de vendas dos ítens mais procurados
14) Números de vendas dos ítens em promoção
15) Custo da visita
16) Valor total das vendas
17) Vendas por cliente
18) Número total de itens vendidos
19) Número de itens vendidos por cliente
20) Número de conversão venda/visita

Que tal apelidarmos isto aqui de:

Controle de desempenho de vendas?

Agora imagine cada vendedor da sua equipe mensurando esses dados e aprimorando seu desempenho a partir daqui.

Imaginou?

Bem, lamento informar que isso não é imaginação, é sonho.

O vendedor nunca vai fazer isso.

Este é o seu trabalho!

Aí sim, você vai estar gerindo processos e pessoas.

Sua função aqui é monitorar, manter o tanque do carro cheio, na direção do destino final – a meta.

Capítulo 5

Liderar não é Chefiar

Liderar não é chefiar por diversos motivos, mas o que retrata melhor esta questão é o seguinte:

Quem tem chefe é índio!

Lembra quando começamos nosso bate-papo e definimos algumas etapas do processo de criação de vendedores Pit Bulls, ou melhor dizendo, quando fomos juntos passo a passo na construção da escolha da equipe?

Pois bem, é ali que começa o exercício da liderança.

O primeiro e mais importante passo é conquistar a pessoa que vai estar sob a sua liderança.

O relacionamento sempre está acima de tudo e de todos.

Como você vai liderar sem cooperação? Vai ser uma liderança impositiva?

Essa eu posso te assegurar que não funciona e, para piorar, deixa enormes e às vezes irreparáveis seqüelas.

A liderança tem de ser conquistada. É fácil de entender.

Quando um diretor de uma empresa define que logo abaixo do seu nome no cartão de visitas vem o texto:

"Gerente de vendas", está definido.

É meio estilo Zagallo: vocês vão ter de me engolir!

Tudo que vem de cima com força se dissipa.

Se você precisa de autoridade superior para fazer valer o seu espaço perante um grupo, é que as coisas estão no lugar errado.

Se este grupo é uma equipe de vendas, você está morto!

Logo, você precisa conquistar cada vendedor da sua equipe no primeiro momento, no processo de captação, avaliação e contratação dele.

Digo mais: um dos principais motivos da escolha dele para fazer parte da empresa e da sua equipe de vendas tem de ser você.

Ele tem de chegar em casa e dizer para a esposa que gostou de você e acha que vai se dar muito bem com você. Caso contrário, não vai dar certo.

Vendedor você primeiro conquista pelo coração, depois com a sua competência.

O vendedor que percebe que o seu gerente em nada acrescenta no seu desempenho, no seu resultado de vendas, e que o seu dia-a-dia com o gerente ou sem o gerente é o mesmo, é um indicativo de que os seus dias como líder deste grupo estão definitivamente contados.

Aquela máxima de que "eu tenho o grupo na mão", para a área de vendas não funciona.

Em vendas é assim:

Eu tenho o grupo no coração e no bolso!

Isto quer dizer que a equipe o respeita e gosta de você e que é o co-autor no sucesso profissional dela.

Ele tem uma excelente remuneração porque a sua contribuição é decisiva.

Não pense que liderar equipes de vendas é mandar muitos *e-mails*.

Ninguém vai mensurar o seu trabalho pelo número de reuniões que você promoverá.

Não há vendedor neste mundo que irá valorizar um gerente que não domine a carteira de clientes que ele atua.

Os vendedores vão "zombar" muito se você não for de pista.

Não entendeu? Mau sinal...

Quando um vendedor diz que o gerente dele é de pista, quer dizer que o gerente veio do campo, é um autêntico profissional de vendas, aquele que sai com o vendedor rotineiramente e enfrenta os problemas de perto, lá no campo.

Aquele que não fica o dia inteiro com a "buzanfa" na cadeira.

Se você, meu amigo gerente de vendas, acredita que o seu principal avaliador é o seu diretor, está errado.

A sua equipe de vendas determina o seu sucesso na empresa.

Ela o promove, ela o avalia e o conduz a vôos mais altos.

É simples:

O que importa são os números.

Tem de vender 100, sua equipe vende 120, e está tudo bem.

Agora, muitas vezes as empresas não conseguem identificar a total ausência de liderança e tudo na vida tem uma central de comando, não é só no mundo corporativo.

Família é importante, não é?

Na sua casa, no seu lar, alguém comanda.

Muito bem, só para não gerar crise, eu posso afirmar que aqui em casa quem manda é a minha mulher. É muito mais fácil, assim não tem estresse.

Religião é importante, não é?

Pois bem, se você for católico, lá quem manda é o papa.

Na sua cidade tem um governador, tem um prefeito e por aí vai.

Tem de haver liderança. Mas não adianta impor.

De forma impositiva, nem presidente se sustenta. Pensei várias vezes se manteria este comentário ou não, mas resolvi deixá-lo por aqui por julgar ser um momento oportuno.

Mas evitando possíveis crises, vamos à nossa liderança.

Será que ninguém percebe quando um ambiente está totalmente bagunçado, sem direção, sem controle, sem comando?

Já imaginou todo mundo fazendo aquilo que acha que deve ser feito sem o menor compromisso com o todo?

É como se nós colocássemos vinte pessoas no centro de um gramado e de repente alguém soa um apito e diz: todo mundo correndo.

Vai um para cada lado, um fica olhando para o outro esperando alguma reação, algum movimento ou esperando ir atrás e ver se aquele que saiu na frente sabe para onde ir. É desastroso!

Agora, existem alguns sintomas que indicam com muita clareza a total falta de liderança de uma equipe.

Vejamos:

1) Incompatibilidade:

Quando você monta uma equipe, não pode se iludir achando que tudo será um eterno caso de amor, que todos irão construir uma família perfeita.

Não faz parte do negócio todos terem uma mesma casa de campo e estarem todos os finais de semana juntos.

Mas, da mesma forma, você não consegue manter uma equipe em pé se não houver respeito mútuo, enfim se não houver relacionamento e espírito de equipe.

Espírito de equipe é aquela mão que está sempre estendida para ajudar, aquele esforço a mais para contribuir com o resultado do grupo.

Quando os membros da equipe estão em crise, têm problemas de relacionamento e incompatibilidade, é que existe ausência de liderança.

O líder não percebeu o início deste foco e, para piorar, deixou o problema se alastrar e contaminar toda a equipe.

Este é um quadro típico de total falta de liderança.

2) "Rádio-peão":

A famosa fofoca de corredor.

Quando o canal de comunicação não é claro, transparente e tudo gira com fluidez, entra em cena aquele comentário que não serve para absolutamente nada. Ou melhor, serve sim, para destruir, para desmotivar, para gerar um clima de desconfiança e de desânimo.

O líder deixou se instaurar um comportamento na equipe que vai ocupar boa parte do tempo da grande maioria para não gerar uma venda sequer.

Os comentários da "rádio-peão" significam que o líder não atribuiu valores claros para que as pessoas possam criticar, elogiar ou apresentar novas idéias ou antigas dificuldades.

3) Meio-Campo:

É muito fácil acordar bem cedo e chegar na reunião de vendas com uma tremenda idéia.

É mais fácil ainda o gestor elaborar uma nova estratégia de vendas, todo mundo concordar, se motivar e não colocar em prática.

Pior do que isto: começar e parar.

Parar no meio-campo, não conduzir a bola até o gol.

Isto significa que não houve controle, não houve acompanhamento, não tivemos feedback, não tivemos seqüência de ação, o trem ficou parado.

Bem, se o trem parou é porque a locomotiva lá da frente não está puxando. Epa, olha o líder aí de novo bobeando.

4) Eu tenho a força:

Todo mundo luta com todas as forças para vencer, para obter sucesso, para vender mais, para bater as metas e para alçar vôos mais altos.

A disputa pelo primeiro lugar, pelo lugar mais alto do pódium é saudável e deve ser estimulada, mas o líder precisa ter muita habilidade para conduzir este processo, senão...

Senão, vira uma desenfreada disputa pelo poder.

E poder é bastante diferente de sucesso.

Quem detém o poder? O gerente? Não.

Quem detém o poder é o profissional que gera resultados contínuos satisfatórios, superando sempre o que foi previamente planejado.

O poder não está em gestos, não está em atitudes e muito menos internalizado no cargo de alguém. Poder é resultado.

A disputa pelo poder traz sérias conseqüências para a equipe, e o líder precisa ter uma função atenta e ativa o tempo todo, para manter o estímulo do crescimento na freqüência certa.

5) Entra um, sai outro:

Quando uma equipe de vendas sofre da síndrome do "entra um, sai outro".

Toda hora tem uma demissão aqui e outra ali, não tenha dúvidas de que a condução dos trabalhos não está sendo realizada de forma satisfatória.

Muitos não estão envolvidos, diversos estão dispersos e o compromisso com as pessoas, com o negócio e com os resultados simplesmente não existe.

Se você não sabe manter um avião no ar é porque você não sabe voar.

Não é possível que todos os dias o tempo esteja inadequado, haja problemas na mecânica, a fuselagem se solte, acabe o combustível e outras mais. Será que não é o piloto que é ruim?

Manter uma equipe acesa é fundamental, mas indispensável é manter uma equipe.

6) Então vamos:

Para onde? Qual o melhor mix de produtos?

Quando não há liderança, os números gritam. Cada vendedor entende de uma forma a mesma mensagem e define as suas próprias prioridades.

Quando o estoque está lotado de produto B e a prioridade é escoar o estoque, alguns vendedores entendem que o bom é vender o A que tem pouco no estoque e o nível de reposição além de complicado, obedece a um ciclo logístico que demanda tempo.

Bem, se não tem alguém para dizer aonde vamos e de que forma e o que fazer quando chegarmos, é melhor ficarmos em casa mesmo.

Como você pode ver, existem alguns fatores de fácil identificação que, de forma contundente, apontam para uma total ausência de liderança.

Aqui está a causa da sua brusca queda de margem no seu negócio e do seu péssimo estado de humor.

Lamento informar que tudo começou quando você escolheu muito mal o seu gerente de vendas.

"Esse cara não tem preço!" "É meu amigo e agora?" "Você tem um chefe ou um gerente de vendas?"

Faça uma avaliação destes pontos e tente formar um quadro.

Podemos ir um pouco mais além.

Vamos tentar identificar algumas reações do seu líder:

Preste bem atenção como ele chega logo pela manhã na empresa:

Chega sorrindo? Fala de forma contagiante com todo mundo que ele encontra na empresa? Chega falando no celular?

Ih, não sei não hein...

Começa que se todos os dias, todas as manhãs ele está na empresa, já é um mau sinal.

Um bom gerente de vendas gosta de sair com os seus vendedores pelo menos 3 vezes por semana, e não há nada melhor do que aquele cafezinho na loja de conveniência do posto de gasolina para marcar um ponto de encontro tipo 7h30 da manhã. Dali ele parte para a primeira visita do dia.

Agora se às 7h30 ele ainda nem saiu de casa, temos um problema.

E o problema não é somente a questão do horário, é que se um profissional de vendas não dorme muito bem, porque ele fica com a cabeça girando o tempo todo, pensando no próximo bote, na próxima tacada, nos números, na meta.

Ele quer mais é que o dia comece logo. O seu gerente não é assim? Será que ele é de vendas mesmo?

Ele está sempre correndo atrás?

Bem, quem corre atrás invariavelmente nunca chega na frente. Isto quer dizer que ele é do tipo investigador. Está sempre atrás dos fatos. Alguma coisa precisa acontecer para que ele tenha algum tipo de reação.

Planejamento deve ser uma palavra que ele desconhece por completo.

Experimente almoçar com o seu gerente de vendas, pelo menos uma vez por semana.

O líder que tem o processo sob controle, identifica as oportunidades e as ameaças e sabe muito bem o que fazer com elas.

E, se não sabe, pede ajuda na hora certa.

É... porque é bastante diferente dizer a casa explodiu ou a casa pode vir a explodir.

É só uma questão de na primeira opção você só poder lamentar e na segunda opção você poder agir.

Se ainda, antes do almoço, durante aquele *couvert* bem fraquinho, como aquele só com pão (pequeno e duro ou aquelas torradinhas amarelas) e manteiga (naquelas embalagens que você tem que colocar a boca para abrir e fica todo melado), o seu gerente já começa a se lamentar, reclamar e abrir a sua extensa e interminável lista de justificativas é que a coisa vai muito mal.

E, se ele já sabe em quem colocar a culpa pelos péssimos resultados, piorou.

Ninguém, mas ninguém é capaz de elaborar tantas desculpas quanto um profissional de vendas, ou melhor, um profissional de desculpas.

Atenção para esta frase fatal:

Mas eu fiz a minha parte. Nada me aborrece mais do que isto. Nem mesmo aquela abominável frase: e *o que você quer que eu faça?*

Bem, se a empresa precisa de um todo e contrata um gestor para garantir que o todo aconteça, de nada adianta esta anta fazer somente a sua parte.

Agora, o pior:

Você contrataria alguém para comandar a equipe que vai colocar dinheiro dentro de casa, que vai colocar os seus produtos para fora de casa, que vai angariar clientes para o seu negócio, para perguntar o que quer que eu faça?

Eu teria um infarto!

Tirando o meu da reta:

Como pode alguém se instituir líder e não querer arcar com o peso da liderança?

O processo de tomada de decisão faz parte de um bom líder.

Empresa nenhuma precisa de um "maria vai com as outras".

Administrar é ter pulso forte e ficar na frente do grupo na hora da batalha.

Se o seu gerente se ausenta ao ouvir o som do primeiro tiro, você e sua empresa estão mortos.

Porque o próximo tiro vai bem no meio do seu peito.

Depois do expediente:

Para um gerente de vendas, não existe aquele negócio de antes e depois do expediente.

Quem dá expediente é funcionário público. Bem, esse aí dá expediente até mesmo sem sair de casa...

A questão é: como é o dia-a-dia do seu gerente de vendas após uma jornada de trabalho?

Ele é daquele tipo que desliga?

Vender é igualzinho a andar de bicicleta: parou, cai!

Ele não chega depois de um final de semana com uma idéia mirabolante, daquelas que não servem para nada?

Se você acha que isso não é um bom sinal está redondamente enganado. É sim!

O gestor de vendas é aquele que mais propõe ações e lógico que o cara não é um mágico e nem tem bola de cristal para saber o que funciona e o que não funciona.

Mas, ele está o tempo todo ligado e totalmente comprometido com o resultado.

Por isso, é uma máquina de sugestões.

Porque você acha que o pessoal de marketing implica tanto com o pessoal de vendas.

É porque, nós, vendedores, estamos sempre cheio de idéias, tudo bem que a maioria é doida mesmo, mas tem uma meia dúzia que ajudam um bocado.

E, enquanto a tribo de vendas processa 250.000 idéias novas por segundo, os marketólogos de plantão ficam analisando, estudando, planejando...

O bom líder é aquele que está preocupado com o seu desenvolvimento profissional.

Que revistas especializadas ele costuma ler?

Ele está preocupado com o seu grau de informação?

Bem, se ele não esta preocupado com o desenvolvimento dele e nem com o amanhã, por que ele estaria preocupado com o futuro, ou até mesmo, o presente da sua organização?

O bom líder é aquele que tem capacidade de avaliar com simplicidade.

Da mesma forma que ele quer ter uma boa relação com o seu superior imediato e a todo momento mede a temperatura para corrigir rotas ou acelerar processos, ele tem de ter em mente que a sua equipe tem no mínimo o mesmo sentimento em relação a ele.

Quer maneira mais fácil de administrar que essa?

Olha, pode ter certeza de que muitos, mas muitos negócios não chegam a um bom termo porque os negociadores não são capazes de pelo menos por um só minuto se sentarem na cadeira oposta.

Isto que dizer, que ele não tem a habilidade de perceber o que o receptor da sua mensagem está realmente decodificando.

Se você avalia que, ao sentar do outro lado da mesa, você também faria o negócio que você está propondo, tudo fica mais fácil.

Já imaginou o seu poder de convencimento de vender algo que você também compraria?

Ou você ainda é daquele tipo que pensa em fazer negócio para você ganhar e alguém perder?

Isto já acabou faz tempo!

Portanto, fazer este exercício de cima para baixo e de baixo para cima, pode ajudar muito ao líder no seu dia-a-dia.

O líder de vendas adequado é aquele estilo garçom. Aquele que tem prazer de servir.

Prestar sua experiência, seu conhecimento, suas habilidades como gestor, em prol do grupo, aquele que se motiva ao perceber que sua equipe está se qualificando, está se aperfeiçoando.

Isto não é só uma questão de competência, é uma questão de perfil, de missão pessoal, de vontade de fazer, ou melhor, de ter prazer de ter vontade de fazer.

O grande líder é aquele que encoraja o seu vendedor a dar um passo a mais, orienta na rota do crescimento pessoal, profissional, familiar.

Ele se envolve por completo em todos os pólos e possibilidades de fazer do seu vendedor um ser humano melhor.

É uma visão mais apaixonada de lidar com pessoas.

O trabalho de desenvolver pessoas é diário, não acontece em função de uma palestra ou de uma convenção de vendas.

Desenvolvimento é continuidade, é observação e muita percepção dos espaços a serem preenchidos.

Cada visita com o vendedor é uma oportunidade nova de trabalhar os pontos fracos e fortes, trabalhar a força de vendas.

O líder divide seus planos, suas idéias, compartilha a visão e estimula todos à efetiva participação, fazendo com que todos se sintam parte integrante de algo mais importante, de algo mais nobre e maior.

Ele consegue implantar um conceito e um espírito diferenciado no grupo, que tradicionalmente só enxerga o pedido do cliente. Ele dá vida a um ser maior, tornando exeqüível a possibilidade do crescimento, através da conquista.

Conquista, este é o melhor clima para vendas!

Instaurado o clima, você tem ambiente propício para viabilizar os resultados.

A sua equipe se alimenta de energia positiva, de uma visão realista de que pode chegar lá, isto agrega confiança ao grupo. E, meu amigo, um grupo confiante de que pode conseguir algo, está com mais de 80% do caminho percorrido.

Até aquelas decisões que o líder precisa tomar, que muitas vezes são mal interpretadas, mal digeridas, não alteram o rumo do grupo que só tem um foco:

A Conquista!

Muito bem, e quando chega lá? Qual é a postura do líder? Dever cumprido? Fizemos o planejado? Obtivemos êxito?

Pelo amor de Deus, isto não é postura de um líder de vendas!

Nesta hora, o importante é comemorar a conquista.

Saborear o gosto de ser um campeão junto à sua equipe. Você já viu alguém fazer um gol e sair andando normalmente como se nada tivesse acontecido? Ora, você é um contador ou um vendedor?

Comemore, celebre, afinal de contas todos nós temos os nossos dias de celebridade.

As comemorações fortalecem o clima de conquista de uma equipe vencedora. Isto traz postura de vencedor.

Este espírito da vitória vai permitir que você tenha uma equipe que sempre acredita na virada.

Os seus vendedores precisam jogar até os minutos finais de cada jogo, pois sempre haverá tempo para um golaço.

Como você pode perceber, a tal da liderança faz muita diferença e precisa ser muito bem conduzida pelos seus colaboradores-chave.

Quando a liderança atua na área de vendas, todo cuidado é pouco, pois esse profissional vai fazer toda a diferença no comportamento geral da empresa.

Torno a dizer que uma empresa feliz é uma empresa que vende acima do que realmente planejou ou do que realmente precisa.

Quer manter a sua empresa motivada? Venda mais!

Portanto, diminua os riscos da sua empresa, não coloque o seu cliente em conflito com a empresa, não permita uma enorme rotatividade de pessoas na sua equipe de vendas, não perca o foco de que o seu negócio é o seu cliente.

Hoje somente as empresas e profissionais extremamente bem preparados se destacam num cenário altamente competitivo.

Portanto, identifique e contrate o líder certo para gerir a sua equipe de vendas! Please...

Capítulo 6

As Artimanhas dos Compradores

OPERAÇÃO PIT BULL

PROGRAMA DE TREINAMENTO DA FORÇA DE VENDAS

No livro que originou tudo isso que estamos falando aqui, *O Vendedor Pit Bull*, fiquei bastante preocupado em abordar superficialmente alguns pontos a respeito dos nossos queridos amigos compradores.

Claro que eles se preparam e muito e cada vez mais, pois a cada dia surgem novos vendedores, cada vez mais preparados e focados no resultado.

Da mesma forma que utilizamos técnicas, artimanhas, experiências, alguns blefes e outras coisas mais para, no final, colocar o pedido na pasta e ir correndo para a empresa, os compradores utilizam as suas armas para criar o clima mais favorável possível à realização do melhor negócio para ele e sua empresa e seja lá qual for o negócio que o vendedor vai aceitar e levar com ele.

Isto no fundo no fundo não importa, o que importa é fazer uma boa compra.

Os negociadores modernos estão pensando conceitualmente no "ganha x ganha", mas na hora do "vamos ver", cada um acaba querendo fazer o melhor negócio e pronto.

Se eu tenho que esfolar o vendedor para chegar no máximo, o que posso fazer é indicar uns bons analgésicos e só.

Principalmente quando estamos falando em bens de consumo de massa, o jogo é frio e bastante pesado na negociação.

Aí eu vejo diversos vendedores e gerentes de vendas despreparados, ou melhor, destreinados.

E a empresa ainda pensa que o problema é o preço, o produto ou a política comercial.

Aí entra no ciclo perigoso de avaliações e toma-lhe tempo e o dinheiro vai indo embora...

Que nada, muitas das vezes é o comprador que deu um verdadeiro baile na sua equipe de vendas e você nem reparou.

É quando começam aquelas avaliações dos consultores de plantão. "Isto está errado, aquilo está certo no lugar errado, aquela outra coisa ali está fora de foco e veja bem."

E nesse veja bem, lá se vai a empresa.

Por que não pensar que a equipe de vendas tem todas as ferramentas e não está conseguindo transpor a qualidade de preparo do comprador?

Sabe por quê?

Porque não tem ninguém dentro da empresa com essa experiência de avaliar o verdadeiro potencial da equipe de vendas e o potencial do seu gestor.

Está todo mundo preocupado com o *show* de vendas e não com o preparo de vendas.

Por isso que eu falo que as palestras de vendas têm de ser de conscientização de vendas.

Ora, quer manter o time de vendas forte?

Treinamento neles!

O treinamento é o único mecanismo eficaz para criar músculos na equipe de vendas.

Muita atenção, porque não estamos falando de palestras motivacionais.

Não estamos falando em fazer a equipe de vendas rir à vontade.

Não estamos falando de descontração, nem de descarregar a pressão do dia-a-dia dos vendedores, que sofrem com as pressões das metas.

Isto é um absurdo!

Estamos falando de um programa de treinamento para fortalecer a equipe de vendas, com um objetivo único de identificar potenciais, perfis e estabelecer uma mudança de comportamento gerencial e de campo, para através de metas e controles, alcançar os objetivos pretendidos pela empresa.

Treinar é aperfeiçoar o que já se faz.
Treinar é melhorar os índices de "performance".
Treinar é se atualizar.
Treinar é no mínimo se manter em forma.
Treinar é vender mais e melhor, sempre!

Se você ainda está naquela fase de reunir a sua equipe uma vez por ano para uma convenção de vendas, acreditando que tudo será resolvido naqueles movimentados e confusos três dias, lamento lhe informar que isto não é melhoria de processo, é somente atualização de dados e confraternização.

Atualizar dados é refrescar os velhos problemas. Confraternização é festa.

Por favor, me responda as seguintes questões:

a) Como é que a sua equipe de vendas vai vender mais assim?

b) Como é que você descobre quais são as reais necessidades de cada vendedor da sua equipe? Afinal de contas não são todos iguais.

c) Como você implanta novos modelos de gestão de vendas para que o seu gerente possa oxigenar a equipe?

d) Como vamos fazer, quando no meio do jogo a bola cair no pé esquerdo e o seu vendedor só sabe chutar com o pé direito? Não vamos fazer o gol e perdemos o jogo?

Cada negociação é um jogo que pode até ter uma prorrogação, mas ao final alguém aí sai vencedor.

Que tal treinarmos o nosso time para ganhar a maioria dos jogos? Que tal termos o artilheiro e o melhor treinador?

Esse é o ponto.

Na maioria das vezes, os profissionais de vendas são literalmente engolidos pelos compradores por falta de treino.

Ou você acha que os compradores não tem nada para colocar em prática na hora do jogo, na hora da negociação?

Posso lhe garantir que muitas das artimanhas que o comprador coloca em prática, sequer são avaliadas, percebidas e com isso não são combatidas pelo pessoal de vendas.

Quando a equipe de vendas não está treinada, não percebe que está "tomando bola nas costas" o tempo todo.

E, enquanto isso, o placar vai ficando cada vez mais favorável ao comprador.

O que será que os compradores praticam como hábitos, leis e comportamentos para neutralizar, fantasiar, extenuar e, por fim, vencer as equipes de vendas e seus gestores?

Senhoras e senhores:

As artimanhas dos compradores:

1. Um comprador nunca deve demonstrar simpatia por um vendedor, pois isto pode gerar a criação de vínculos emocionais que conduzirão à exposição de fraquezas na negociação. Mas, da mesma forma, mesmo que num processo ilusório, deve ser repetida e enfáticamente sustentar que é um fiel parceiro.

2. Um comprador se prepara psicológicamente sempre para visualizar no vendedor um grande inimigo. Aquele que está ali para empurrar volumes, contar histórias que o prejudicarão nesta e nas demais negociações. Mesmo sem ter motivos, é de fundamental importância que o comprador declare o vendedor seu inimigo número 1.

3 Talvez, o maior dos treinos, ou melhor, a principal lavagem cerebral à qual o comprador se submete, é o da compulsão em pedir sem o menor sentido ou referência. O comprador tem de pedir, pedir e pedir, pois, no final, ele acredita que o vendedor vai dar algo até que ele não possa ou não tenha. É um processo desenfreado, mas que acaba funcionando.

4 Comprador que aceita a primeira oferta não é comprador é atendente ou receptor de pedidos. Isto porque os vendedores sem treino são aqueles que automaticamente se desesperam ao ouvir um primeiro não. Ao perceberem que sua primeira oferta foi rejeitada, iniciam a sessão pedinte. Imploram, imploram e quase choram na tentativa de concluir um negócio. Com isso, os compradores conseguem avaliar o quanto de espaço verdadeiramente existe no processo de negociação e quantos "nãos" serão necessários para dizer um bom sim.

5 O efeito escadinha é antigo mais continua sendo utilizado diariamente. É inteligente, mesmo que desnecessário ou fictício, que o comprador seja subordinado a alguém, pois este alguém ainda vai machucar e muito o vendedor. E não para aí: esse superior imediato vai bater muito também no gerente de vendas, pois o princípio é o da autonomia, ou seja, o gerente de vendas sempre tem um descontinho a mais para dar. E é incrível como tem gestor que acha o máximo ir lá e literalmente "abrir as pernas".

6 Se você joga uma bola para o alto, ela não volta? Um comprador treinado é aquele tipo ioiô, ou seja, ele jamais vai fazer uma só concessão sem ter algo em troca, alguma contrapartida, mesmo que esta não sirva efetivamente para nada. É uma questão de princípio de negociação, uma questão de treino.

7 O comprador é aquele atirador de elite. Se o alvo é móvel, ele se estabiliza e atira. Se o alvo é fixo, ele atira de olhos fechados. Isto quer dizer que, aquele vendedor que já chega na negociação pedindo alguma coisa, faz o comprador relaxar e ter a exata certeza de que ele tem muito para dar. E tirar é uma questão de tempo e paciência, quase que uma tortura.

8 Em contrapartida, existem aqueles vendedores que não pedem nada, eles são um pouco mais preparados e sabedores que o comprador vai ter de pedir. E aí o comprador conduz a solicitação de forma que o vendedor se sinta 100% satisfeito e não peça absolutamente nada em troca. Ele ganha de novo, e mais, numa situação adversa.

9 A primeira lição do comprador preparado e bem treinado é fazer uma rápida leitura de qual tipo de vendedor ele está prestes a defrontar. Se o vendedor é um pouco mais bem treinado, tipo daqueles que estudam as necessidades do cliente e se antecipam com sugestões de pedidos, por exemplo, conduza com habilidade e atenção, afinal de contas, esse vendedor é uma exceção. O bom comprador investe seu tempo nos vendedores despreparados e potencializa seus resultados ali.

10 Sorriso é coisa para vendedor. Comprador tem cara séria, voz grossa e raramente desvia o olhar fixo dos olhos do vendedor, numa forma de intimidá-lo e desconectar a sua linha de raciocínio. Para o comprador, fazer o jogo do lobo mau é muito importante. E, pasmem, funciona.

11 Quantas e quantas vezes o seu vendedor chegou na empresa desanimado, depois de um encontro com um comprador? Ele ouviu tantas vezes que o concorrente tem

um preço melhor, atendimento melhor, prazo melhor, o serviço é mais adequado, o produto gira muito mais que o seu no ponto de venda, e coisas assim, que acabou acreditando. O comprador utiliza argumentos de todos os gêneros, inclusive os falsos.

12 Quando um comprador coloca com veemência uma objeção e empaca naquilo, como o vendedor se sente? Perdido e desamparado. A objeção não procede, mas o comprador não para de repetir sempre a mesma coisa. É simples, ele entende que de tanto repetir a mesma objeção, você, vendedor vai acabar acreditando.

13 O comprador sabe que 80% das melhores condições num processo de negociação são obtidas nas últimas etapas ou no final do mês. Logo, a estratégia é implantar na mente do vendedor, vagarosamente, o medo de perder o negócio. O comprador sabe que no final do mês as coisas ficam mais fáceis porque o vendedor tem cota a cumprir e sempre tem um gerente de vendas que vai liberar aquela condição especial para fechar a meta do mês.

14 Todos nós temos pontos fortes e fracos. Se não treinamos para fortalecer os nossos pontos fracos, somos presas fáceis para os compradores. Eles são treinados para identificar o ponto fraco do vendedor e martelar em cima "sem dó".

15 A sessão terror: isso um comprador sabe fazer como ninguém. O objetivo é desestabilizar o vendedor e partir para garantir a melhor negociação no emocional. O comprador começa a exigir aquilo que ele sabe que você não tem como cumprir, deixa claro a possibilidade de romper a negociação antes do fim, marca um horário com o vendedor às 15 horas e só atende às 17 horas, mesmo

tendo tempo para aguardar o posicionamento do vendedor, ele encurta os espaços para criar pânico e apresenta cálculos, que normalmente não fazem sentido algum, mas que demonstram a inviabilidade da proposta do vendedor. Isto deixa o vendedor quase louco.

16 Dúvida ou impasse é uma zona de desconforto e perigo para um comprador. Um bom comprador nunca se coloca em sinuca de bico, por exemplo, "o que vou fazer", porque aí o vendedor cresce e presta solidariedade e serviços que o habilitam positivamente na negociação.

17 Nunca, mas nunca um comprador pode deixar um vendedor questionar a validade das suas ações ou formações de preços finais ou promoções. Essa seria uma geração de argumentos fortes demais que o vendedor, mesmo despreparado, utilizaria muito bem.

18 Comprador sabe que vendedor bem treinado lê tudo que está em cima da sua mesa, mesmo que esteja de cabeça para baixo. Quanto mais informação o vendedor tem do seu negócio e da sua empresa, mais argumentos você terá para derrubar. Vendedor bom (sob a ótica do comprador) é vendedor desinformado, pois a chance dele acreditar no discurso do comprador é bem maior.

19 O comprador sabe que o vendedor é definitivamente uma figuraça, por isso não se impressiona com *laptops* de última geração, apresentações fantásticas em Power Point, brindes, convites e outras coisas mais. Até porque isto não quer dizer que o vendedor é preparado e bem treinado, ele pode estar somente bem aparelhado.

20 O comprador tem de ter muito respeito e muita atenção com os vendedores modernos, pois os antigos acham

que sabem tudo, não acreditam em treinamento e qualificação e os jovens são inexperientes, começaram agora e, por mais que queiram, ainda não assimilaram o básico para efetivar uma boa negociação. Esses dois tipos de vendedores são os que mais cedem.

21 Uma tática que realmente funciona é aumentar a pressão quando o vendedor está acompanhado do seu gerente de vendas, principalmente se for a primeira vez. O gerente não vai assimilar uma derrota na frente do seu subordinado e quanto mais você pressionar e ameaçar, mais o gestor vai querer usar sua autoridade e autonomia para resolver o impasse. Por isso, crie impasses e coloque em conflito a hierarquia e o ego do gestor.

22 E finalizando, o comprador pensa assim: quando o vendedor estiver representando uma grande marca, aquela que detém produtos ou serviços fundamentais para o nosso negócio, aquela que não podemos deixar de comprar, não se intimide. Atrás das grandes marcas, sempre tem um vendedor despreparado e um gerente de vendas que nunca foi vendedor.

Será que os seus vendedores estão realmente preparados para encarar isso tudo?

Meu amigo vendedor, gerente de vendas e empresário, não há outra solução para que o seu time jogue bem, se não treinar, treinar e treinar. Saber o local do jogo com antecedência, conhecer pelo menos um pouco do adversário e sua forma de jogar, são requisitos básicos para que o resultado seja favorável.

Não tem milagre, é trabalho duro e eficaz!

Um time bem treinado é sinônimo de vitória e essa tem de ser a maior motivação da sua equipe.

Agora, também é muito importante que seja dito que o bom treinamento passa por uma clara compreensão do time de seus benefícios explícitos, diretos e imediatos.

Vou vender mais.
Vou bater as minhas metas.
Vou fazer mais dinheiro.
Vou ter uma vida melhor.
Vou ser um bom profissional de vendas.

Para isso, uma questão básica precisa ficar muito bem equacionada.

Quem pode fazer de você um grande gerente de vendas ou um grande vendedor de sucesso?

Em primeiro lugar, VOCÊ!

É lógico que a sua empresa pode definir investimentos nesta área e contratar ajuda especializada e com certeza você se beneficiará muito com isso. Mas, pense comigo:

Quem pode definir a sua qualificação e a melhoria profissional é você mesmo.

Se um gerente de vendas tinha um desempenho fraco ontem, e hoje ele continua com este pífio desempenho, é claro que amanhã ele continuará sendo um gerente de vendas medíocre.

Assim como os vendedores. Se você não tem uma atitude pró-ativa para melhorar o seu desempenho, quem terá? O produto é você!

O papel do desenvolvimento também é seu, para não dizer que ele é totalmente seu.

Não espere que a empresa faça alguma coisa, faça você por você.

Seja um profissional indispensável para qualquer equipe de vendas.

70% das vendas são realizadas por 30% dos vendedores.

Onde você pretende estar? Nos 30%, é claro!

Você se desenvolve um bom profissional de vendas no campo, mas não é só isso.

Treinar não é só prática.

Imagine só: aprendi a vender, vendendo. Isso não é uma verdade absoluta. Quer dizer então que você aprendeu a andar andando? Não foi; você aprendeu a andar caindo e recebendo ajuda especializada de como andar.

O maior dos aprendizados é corrigir os erros.

Existem muitas coisas que podem e devem ser feitas, e o bom gerente de vendas tem de instituir esse espírito de autodesenvolvimento na equipe, só assim ele terá a melhor equipe de vendas.

Coisas simples, mas que funcionam, podem ser implantadas com custo muito baixo para possibilitar ao gestor ter uma equipe mais bem preparada até para receber treinamento especializado.

Vamos ver aquilo que podemos fazer literalmente sozinhos:

Ora, será que ler custa muita coisa? Acho que não.

Ler instrui, amplia os conhecimentos, sugere mudanças de comportamento e segundo o nosso amigo Ziraldo:

"Ler é muito mais importante que estudar".

Outra coisa interessante é ter a capacidade de identificar bons conselheiros e tentar, na medida do possível, aplicar conselhos adequados , testados e comprovados.

Identificar bons conselheiros é fundamental, porque você não vai perguntar a um mendigo como se faz para ficar rico.

Da mesma forma que você investe nas suas roupas, na sua própria saúde, que tal investir de vez em quando na sua saúde profissional?

Inscreva-se em cursos, assista algumas palestras que podem definitivamente abrir o seu leque de opções na frente do cliente.

Muitas vezes, colocamos o nosso orgulho a serviço da nossa vaidade e desprezamos oportunidades simples que podem nos engrandecer demais. Por exemplo, combinar para sair com um colega de profissão para que ele comente o seu desempenho e vice-versa.

Aprender a analisar o nosso desempenho tendo o ponto de referência certo, mesmo que isto gere algum desconforto.

Temos o péssimo hábito de sempre nos balizarmos por baixo. Eu vendi 50, mas, em compensação, o Joaquim não vendeu nem 30.

Isto é mais uma das suas facetas de justificativas como grande profissional.

É mais eficiente você analisar pelo ângulo do melhor desempenho. Eu vendi 50, o Arnaldo vendeu 100.

O que será que o Arnaldo faz que eu não faço? O que será que ele faz que eu poderia fazer?

Esta é a visão que engrandece e um exercício que traz resultados imediatos.

Ignorância não assumida. Qual é o problema de expor as dificuldades?

Aplicar um tempo em elencar as dificuldades e discuti-las é bem mais proveitoso do que utilizar o mesmo tempo para formatar as famosas justificativas.

Existem algumas justificativas ou desculpas que eu acho que já nascem com o vendedor.

Esta é uma delas:

Desculpa Básica:
O vendedor nunca deixa de vender,
o comprador é que sempre deixa de comprar.

Falamos anteriormente que o controle de desempenho é uma arma fantástica para o vendedor de sucesso. Pois bem, quer treinamento melhor que esse?

Custa, ao final de cada visita, você antes de ligar o carro, investir apenas cinco minutos do seu precioso tempo para pensar no que deu certo e no que deu errado?

O que saiu como o previsto e o que você teve de improvisar?

Como você pode ver, existem ações que você pode começar desde já, independentemente de um empurrãozinho da empresa.

E você, meu amigo gerente, tem a obrigação, como gestor, de incentivar, instruir e organizar essa prática de autodesenvolvimento dos vendedores da sua equipe.

Assim você terá mais facilidade no manejo da equipe.

Capítulo 7

As Armadilhas do Gerenciamento de Vendas

Para que possamos dar algumas dicas práticas de gerenciamento de vendas e para que não só a empresa, mas principalmente este gestor possa lograr êxito na sua função, que definitivamente é o pilar de sustentação da entrada de fluxo de receita da empresa, e só para lembrar que, com dinheiro em casa, tudo fica mais fácil, gostaria de começar com uma pequena historinha.

Esta história, aparentemente engraçada, tem de ser encarada pelo gestor como um comportamento natural a ser enfrentado sempre e é de fundamental importância que isto esteja alocado num lugar privilegiado do cérebro, pois, sem isto tudo, pode parecer muito mais desgastante e difícil. Vamos lá:

O Monge e o Vendedor:

Vendedor é definitivamente uma figura à parte.

Num belo dia desses, um vendedor daqueles que não conseguia alcançar as suas metas de vendas, que vivia batendo sempre na mesma tecla, que não valorizava, ou quem sabe até não acreditava em controles e treinamento de vendas, de tanto tentar e não chegar lá, jogou a toalha.

Resolveu que o caminho era abandonar a causa.

E como vendedor que é vendedor não faz nada muito dentro das regras, dos parâmetros normais do esperado, não pense que ele resolveu deixar de ser vendedor, para ser médico, advogado, pedreiro, político. Claro que não. Ele dá uma enorme demonstração de que realmente ainda corre em suas veias o sangue de vendedor.

Para desespero de todos, vem o comunicado:

Vou mudar totalmente, vou ser um monge.

E lá vai ele em busca de um templo para realizar seu novo e fantástico plano de vida. Ao chegar no templo (tente construir a cena), pasta na mão, bloco de pedidos ainda por terminar, ele depara com o monge mais graduado do templo e, sem perder tempo, dispara:

"Quero ser um monge!"

Aquele senhor, com aquele manto sagrado e toda paciência peculiar aos monges responde:

"Você tem certeza disso, meu filho?"

O vendedor diz:

"Mas é claro, esse é um sonho de uma vida toda."

O monge, sem pensar muito, pede para que o vendedor o acompanhe até o quarto andar do templo e, após superar mais de 180 degraus, o monge abre uma porta de um pequeno quarto e diz:

"Querido amigo, vamos começar com um simples processo de meditação. Concentre-se no que realmente é importante, encontre a paz e daqui a dez anos nós conversamos."

O monge sem dar chance de resposta ao vendedor, fechou a porta e saiu.

Dez anos depois, o monge abre a porta e quando o vendedor vai começar a falar, ele o interrompe e diz:

Meu amigo, diga apenas duas palavras.

O vendedor diz: "cama dura".

O monge informa que ele precisa ficar meditando mais dez anos, fecha a porta e sai.

Agora, dá para imaginar um vendedor ficar dez anos sem falar com ninguém e depois disso tudo só poder falar duas palavras? Sensacional...

Mais dez anos se passaram e lá foi o monge abrir a porta.

O vendedor quase que desesperadamente tenta começar um discurso, mas é novamente interrompido pelo monge.

Por favor, somente duas palavras.

O vendedor então dispara: "comida fria".

O monge quase que num processo automático fecha a porta e novamente anuncia:

Nos veremos daqui a mais dez anos, continue meditando.

E o tempo passou, e a porta foi aberta pelo monge, mas desta vez o vendedor estava calado, aguardando as instruções.

O monge falou:

"Por favor, me diga somente duas palavras."

O vendedor foi enfático:

"Vou embora."

O monge respondeu:

"Eu já sabia."

O vendedor ficou indignado e retrucou:

"Mas como? Como você pode saber dos meus sentimentos e desejos, se nós nunca conversamos direito?"

O monge respondeu:

"É simples, meu filho. Você está aqui há mais de trinta anos e até agora só abriu a boca para reclamar!"

Meu amigo gerente de vendas, vendedor que não reclama, vendedor que não tem um arsenal de justificativas não é vendedor.

Logo, lição número 1:

Em todo momento, esteja preparado para receber estas reclamações e justificativas como parte do processo.

Quando o seu vendedor começar a reclamar muito, tente mostrar a ele como o tempo evoluiu a seu favor e como os vendedores de antigamente sofriam e davam resultados, mesmo sem ter tantas ferramentas à disposição como esse reclamão aí tem.

O vendedor reclama, mas não valoriza o que tem em volta dele para contribuir com o seu dia-a-dia.

O vendedor que não é da antiga não sabe o quanto a vida melhorou para ele.

Diga a ele que o carro que nós usávamos no início de nossa carreira como vendedor não tinha direção hidráulica, não tinha ar condicionado, vidros elétricos, era tudo no duro mesmo.

Hoje, qualquer carro 1000 vem com tudo isso, e melhor, dá para pagar em 48 vezes.

Isto quer dizer: conforto, sinal de maior produtividade.

Será que esse seu vendedor, já transmitiu algum pedido pelo orelhão?

Claro que não, ele tem celular. Fala com a empresa na hora que quer, acha o seu cliente a qualquer hora e se bobear ainda tira fotos do ponto de venda para mostrar a exposição do produto.

Meu amigo gerente, provavelmente você também pegou aquela época das fichas de acompanhamento dos clientes.

Aquelas fichas pautadas de cor verde, que de tanto pegarmos nelas de mãos suadas, elas ficavam moles e fedorentas.

Mas era lá que tínhamos todos os registros dos nossos clientes.

Hoje os vendedores têm *laptops*!

Aperta um botão e pronto, está tudo lá.

Isso, sem contar aqueles que são muitos, que já trabalham com um *palm top* e transmitem seus pedidos praticamente *on-line*.

Ora, hoje a tecnologia trabalha a favor do vendedor e da gestão de vendas.

Não aceite um vendedor reclamão ou mal-humorado, ele não tem motivos para isto e vai acabar contaminando a sua equipe.

A tecnologia em vendas é uma poderosa aliada da sua gestão.

Não tenha dúvidas de que isto aprimora conhecimento do produto e gera maior produtividade para o seu vendedor.

Portanto, não se impressione com os vendedores, principalmente os dinossauros (aqueles vendedores da antiga que acham que não precisam de nada e nem de ninguém, porque basta o relacionamento que eles têm com os clientes), pois você para gerenciar bem a sua equipe de vendas tem de ter em mente que isto faz parte.

Por isso, nunca se esqueça da história do monge e o vendedor e também tenha em mente o quanto o mundo evoluiu a favor do vendedor.

Agora que você já criou esta blindagem e já sabe como encarar o comportamento básico dos vendedores, é muito importante também você saber que os vendedores também criam seus parâmetros para lidar com você.

Existem dois pontos-chave que os vendedores analisam com enorme precisão quando se inicia uma nova gestão de vendas.

Isto aqui é muito importante para você, gerente de vendas, e para quem contratou você, que deve ou deveria ter a experiência necessária e o cuidado de preparar a equipe de vendas para receber uma nova gestão.

É uma transição muito delicada sempre. Como a equipe de vendas vê este gerente de vendas?

Bem, a primeira avaliação é se você veio de dentro ou de fora.

Eu explico:

Se você veio de dentro, significa que você fazia parte da equipe de vendas e foi promovido.

Se você veio de fora, significa que você é um objeto estranho, nunca fez parte do cenário e vai sofrer um bocado.

Quando alguém na equipe de vendas é promovido, e isso é feito com critério, significa que você terá alguns facilitadores, se você tomou o cuidado de viver todas as fases até a efetiva promoção.

Antes de realizar a promoção, sinalize com suavidade à equipe que você confia na qualidade do trabalho daquele vendedor que você pretende promover.

Nas reuniões de venda, utilize-o como exemplo, fale dos seus resultados, peça para que ele fale para o grupo.

Eleja trabalhos em grupo e coloque-o para liderar os trabalhos.

Convide-o para uma reunião dos gerentes da empresa para sinalizar a área de vendas e deixe que todos os vendedores saibam que isto aconteceu.

Assim, o anúncio da promoção não será tanta novidade para ninguém e a receptividade tende a ser a melhor possível.

Muitos até dirão: "Ele merece".

A questão básica é a seguinte:

Você não pode correr o risco de perder um excelente vendedor e ganhar um péssimo gerente de vendas.

Para isso, temos de ter a convicção de que o vendedor que será promovido preenche os requisitos básicos para a função:

1) Deter características gerenciais;
2) Ser um vendedor de resultados positivos;
3) Ser a referência do esforço extra.

Deter as características gerenciais é importantíssimo, pois se você não preparou o vendedor para gerir processos e pessoas, é certo de que o pior está por vir.

A questão dos resultados positivos é bastante simples.

Como é que os vendedores vão respeitar alguém que não obteve sucesso como vendedor?

Se ele não cumpria os prazos, as metas e não operava bem os controles de vendas, significa que ele não conseguia sequer se gerenciar.

Como vai gerenciar um grupo de pessoas?

A referência do esforço extra é chave.

Se uma equipe de vendas tem de ser agressiva, estilo Pit Bull, o gestor tem de possuir a característica básica de ser um "pegador". Acordar cedo e dormir tarde, visitar, visitar e visitar!

Agora, se o gerente de vendas, é aquele cara que vem de fora, que não era funcionário da empresa e definitivamente é o novato, muito cuidado!

A chance da equipe de vendas utilizar o conhecimento do produto, do mercado, dos clientes e da própria cultura da empresa para deixar o novo gerente literalmente órfão é bastante considerável.

Antes que isto aconteça você precisa ser muito claro e honesto com a equipe de vendas.

Seja objetivo:

Neste momento o perfil do profissional que estamos buscando para gerenciar as vendas da empresa, ainda não está pronto aqui dentro de casa.

Não encontramos em nenhum de vocês as características que definimos para esta função, isso não quer dizer que temos maus profissionais, quer dizer que temos excelentes vendedores, mas ninguém preparado para ser efetivado a gestão de vendas.

Uma coisa é uma coisa, outra coisa é outra coisa.

E como são diferentes!

Leia e releia a descrição desta função gerencial, fale da experiência necessária em gestão que você e sua empresa precisam neste momento.

Comente o ganho que a equipe vai ter com um profissional experiente em gestão, que os resultados provavelmente melhorarão e, com isso, todos vão ganhar mais dinheiro.

Esta fase de preparação da equipe é tão importante ou mais que a fase da apresentação do profissional que você escolheu, do novo gerente de vendas.

Não faça uma simples reunião de vendas para apresentar um novo gerente, tenha em mente que a primeira impressão é a que fica, portanto, capriche.

Neste momento, você não precisa elogiar o novo funcionário e sim valorizar o velho.

Fale da equipe, inverta o jogo.

Diga ao gerente o quanto ele ganhará com esta equipe, cite exemplos vitoriosos dos vendedores mais antigos, dos vendedores mais resistentes, envolva o grupo.

Se você não fizer esse dever de casa bem feito, vai ficar "patinando" um bom tempo e, o pior, não vai saber o porquê.

A primeira semana do novo gerente de vendas é fatal.

Nenhuma equipe de vendas vai precisar de mais um minuto para comprar você ou não.

E você sabe como é: se a equipe recebeu bem, anda; não engoliu e digeriu direitinho, não anda mesmo.

Todos ficarão no melhor estilo coruja: só observando...

O que o novo gerente de vendas tem a fazer?

Fazer a roda girar para o lado contrário.

É mais ou menos assim:

Regras básicas para a primeira semana do novo gerente de vendas:

1. Não se preocupe com o seu superior imediato, seja ele o diretor comercial ou o próprio dono do negócio. Se preocupe com a sua equipe de vendas.

2. Jamais promova uma reunião de vendas no seu primeiro dia de casa, isso vai expor demais as suas fraquezas naturais de um iniciante na nova organização. Você só vai ficar perguntando e ouvindo...

3. Deixe claro que as etapas operacionais, que todos valorizam, para você não tem a menor importância. Coisas do tipo meu computador, minha sala, meu novo *e-mail*. O que importa para você é a venda.

4. No seu primeiro dia, faça uma completa imersão para entender o básico do que você vai vender e vá para a rua.

5. Priorize os 20% dos clientes que representam os 80% do seu faturamento. Coloque o respectivo vendedor do seu lado e vá visitar estes clientes já.

6. Na sua primeira semana de empresa, passe 70% do seu tempo na rua, junto dos vendedores e dos clientes, esta é a mensagem que todos vão entender, principalmente a sua nova equipe.

7. Se preocupe com horários, antecipe-se, marque às 7 horas da manhã com o vendedor num boteco para tomar café e falar do roteiro do dia e, ao final do dia, não abra mão de tomar aquela cerveja gelada com ele – é nessa hora que você ganha o cara.

8 No último dia da semana, marque uma reunião de final de dia com todos os vendedores, mas nunca na empresa; marque um ponto de encontro. Escolha um cliente chave e faça a reunião lá no meio do ponto de vendas. Comente a exposição do produto, mexa nos produtos, desarrume os do concorrente, é assim que funciona. E ao final, é claro, leve toda a tribo para aquela "chopada".

9 Não faça nada que não é da sua personalidade, nem imprima um ritmo que não é o seu, pois ilusão só funciona com mágico e você rapidamente vai ser rotulado como vassoura nova, que no início varre bem e depois deixa os pêlos caírem.

10 Descubra os apelidos dos vendedores, todos têm um, e, se colocarem um apelido em você logo na primeira semana, é um ótimo sinal de integração com a matilha.

11 Ao conduzir uma reunião de vendas, seja firme, desenvolva os assuntos com início, meio e fim.

12 Delegue, mas estabeleça prazos para tudo e para todos.

Gerenciar é uma arte!

Gerenciar vendedores Pit Bulls requer muito, mas muito talento.

É mais ou menos como ser o treinador da Seleção Brasileira de Futebol.

Meu amigo, espero que tenhamos juntos trilhado caminhos seguros que nos levem a portos distantes, porém surpreendentemente agradáveis.

Falamos dos processos de avaliação, seleção, recrutamento e interação de vendedores Pit Bulls, afinal de contas, você precisa dos melhores para gerenciar uma equipe vitoriosa.

Usamos duas palavras-chave durante todo o livro:
Você e Equipe.
Não foi à-toa!

Demos uma enfoque pesado a questões fundamentais:
Disciplina;
Motivação;
Metas e controles;
Liderança;
Treinamento.

Como você pode notar, tudo tem um porquê, e muitas vezes não encontramos as causas de nossos fracassos.

Tudo, absolutamente tudo tem solução, só depende de você.

Acredite nisso e vá em frente!

Lembre-se de que alguém só é melhor do que você, porque você deixou.

Espero sua visita no www.luispauloluppa.com.br

Nos vemos por aí, em algum bar, alguma convenção de vendas, ou até quem sabe numa daquelas salas de espera de clientes.

Até lá!

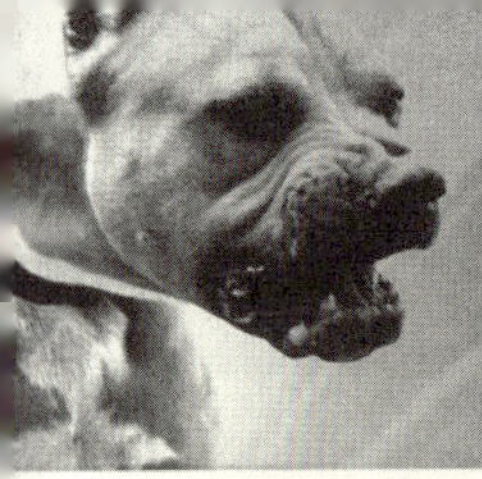

CONHEÇA OS PRODUTOS O VENDEDOR PIT BULL

PRODUTOS MOTIVACIONAIS VOLTADOS PARA A ÁREA DE VENDAS

Luis Paulo **LUPPA**

DVDs e VÍDEOS

O VENDEDOR PIT BULL

O profissional indispensável para sua empresa

Luis Paulo Luppa

Este DVD é um treinamento prático para vendedores que dependem de comissão para pagar as contas do mês. É resultado de experiências reais, visitando cliente a cliente, dia após dia. Com uma linguagem direta e divertida, seu conteúdo vai potencializar a atividade do homem de vendas, mostrando os erros mais comuns e apontando soluções de fácil aplicação. O autor, Luis Paulo Luppa, apresenta uma visão objetiva e consistente de como ser bem-sucedido. Ele não diz o que funciona, mas como funciona. E, principalmente, de que maneira pode funcionar melhor.

Este DVD é dividido em três blocos:
- A venda mais importante da sua vida: vendendo você para você mesmo;
- A disciplina superando o talento;
- Administrando o seu maior patrimônio: o tempo. **30 min**

GERENCIANDO VENDEDORES PIT BULLS

Luis Paulo Luppa

O maestro da orquestra apesar de coordenar vários músicos e ser responsável pela harmonia e pelos precisos compassos de cada música, sempre fica de costas para a platéia. Gerenciar vendas é isso!
Quem aparece é o resultado, a harmonia e energia da equipe de vendas. O gestor precisa fazer o time jogar bem e ao final participar de um coro só: Nós fizemos! Nós vencemos! Nós chegamos na meta! **20 min**

PÔSTERES

CARACTERÍSTICAS TÉCNICAS:
Formato: 440 X 300 mm - 4 cores
Papel: Couche fosco 230g

ESFORÇO EXTRA
É o caminho mais seguro para o seu sucesso pessoal e profissional.

O VENDEDOR PIT BULL FAZ ACONTECER
Seja um profissional indispensável para a sua empresa.

MEXA-SE
Ninguém precisa de um vendedor para chegar no final do mês e dizer: não deu.

NÃO!
Ainda bem que ele existe.
Lembre-se que um não em vendas é apenas um ainda não!

TENHA OBJETIVOS CLAROS
Meta é igual ao pênalti.
Tem que chegar e bater.

V+V=P
Visite cada vez mais que o Pedido virá naturalmente.

SEJA UM PROFISSIONAL INDISPENSÁVEL PARA SUA EMPRESA

DA COLEÇÃO

MOUSE PADS

Sempre ao alcance das suas mãos!
O seu pessoal estará sempre em contato com mensagens altamente positivas impressas nos mouse pads.
Formato: 180 x 230 mm

As mensagens impressas nos mouse-pads são as mesmas dos pôsteres.

BONÉS

O importante é
VENDER
Não tire isso da cabeça!

Excelente opção para eventos, premiações ou campeonatos de vendas. Produzidos em brim peletizado, na cor bege claro, com aba sanduíche vinho, regulador de tecido, fecho de metal envelhecido e com mensagem bordada no frontal.

CD DE ÁUDIO

EXCLUSIVO PARA PROFISSIONAIS DE SUCESSO!

Sensacional CD de áudio com as trilhas sonoras do campeão de vendas:

- Rock do Vendedor Pit Bull
-A Marcha da Meta
-Na Trilha do Sucesso

CENTRAL DE ATENDIMENTO COMMIT

0800-17-9988

Em S. Paulo - (11) 3067-14-14

www.commit.com.br

CONHEÇA DO MESMO AUTOR

O Vendedor Pit Bull

Um livro prático voltado para vendedores que dependem da sua comissão para pagar as contas do mês. Resultado de experiências reais, vividas nas ruas visitando cliente a cliente, com uma linguagem direta e divertida.

Vendax

Vendax revigora e orienta a atuação do vendedor, gerando resultados expressivos de venda a curto prazo, afastando todos os riscos de contaminação na caminhada para o sucesso. Vendax é indicado para vendedores que ainda não ficaram ricos.

CONHEÇA TAMBÉM

O Código Beneditino de Liderança – Craig S. Galbraith, Ph.D. e Oliver Galbraith, III, Ph.D.

As 7 Lições das Pessoas que Vencem na Vida – Robin Sieger

O Aprendiz – Bill Rancic

Hábitos Vencedores – Dick Lyles

O Código Samurai – Boyé Lafayette de Mente

As Mulheres Fazem Sucesso – Marion Luna Brem

Será que Eu sou Assim? – Nilda Brasil, psicóloga

Para saber mais sobre nossos títulos, autores e fazer comentários sobre este livro, visite nosso site: